保育実践の基本原理としての
幼児教育思想史

濱中啓二郎

学術研究出版

はじめに

　筆者は、保育士・幼稚園教諭養成校の教員として10年以上勤務している。保育士・幼稚園教諭課程の中に、保育・教育の思想・歴史を扱う授業が必ず存在する。保育士・幼稚園教諭養成校で学ぶ学生は、どちらかといえば実践的・実技的または実務的科目に興味を示す傾向があり、思想・歴史にはあまり目を向けないような気がする。もっと言えば、「保育者なのになぜ思想・哲学や歴史などを必修として学ぶ必要があるのか」という。保育・教育の根本を学ぶことは、当然重要なはずであるが、直接的に保育実践にかかわりないと思われ敬遠されがちなのである。

　筆者は、教育実習の巡回指導で幼稚園を訪れた時、園長先生から教育の思想や歴史を扱う科目としての「教育原理」や「教育哲学」「教育史」を学生にしっかりと学ばせてほしいといわれたことがある。園長先生などの、保育現場で長く働く者からすると、やはり「保育」の「本質」としての思想や歴史をしっかり学んでほしいというのだ。いわゆる、思想や歴史を学ぶ中で、保育・教育に関する多角的な視点と具体的な考察を経験し、過去の様々な実践の成功と失敗を知り、理解したうえで今の保育を創り出していくことが重要であるということである。

　本書では、保育及び幼児教育の思想を「人物」という側面から読み解けるようにした。さらに各「人物」につい

て、保育者として知っておくべき最低限の理論を簡潔に示した。特に、各「人物」は、5ページ前後の記述にとどめ、読み続けやすいようにした。さらに、各「人物」がその思想を形成するに至る時代背景も示した。具体性や発展性よりも、保育者としての基礎理解と「保育者としての自身の保育観・子ども観の構築」をメインとしているため、もしかすると学術的に見れば簡潔すぎる、または極端な言及になっている、大事なところが抜けているなどの指摘を受けるかもしれない。あくまでも、「保育者が自身の保育理論を構築する」きっかけとなるようにすることが本書の目的である。各部の終わりには、<引用・参考文献>を示してあるため、それを参考にしながら学びを深められるようにした。また、本書は、保育学・教育学の「基礎基本の理解」という特性上、保育職の公務員試験などにも十分役に立つようになっている。

　本書が、今の保育を創造し、未来の保育を構想していける保育者になるための基本理解のための書となれば幸いである。

濱中啓二郎

Contents

はじめに………………………………………………………… 3

第1部 西洋の幼児教育思想

第1章 古代及び近代幼児教育思想……………………………9
1．古代ギリシャの教育思想における「対話」　10
2．コメニウスの汎知学と母親学校　14
3．ルソーの「子ども中心主義」の教育思想　17
4．ペスタロッチの「愛の思想」に基づくメトーデ　21
5．ヘルバルトの四段階教授法と教育思想　26
6．オウエンの環境原理と性格形成論　29
7．フレーベルの幼児教育思想と遊び論　32

第2章　新教育における幼児教育思想……………………37
8．デューイの経験主義教育思想と幼児教育　38
9．モンテッソーリの幼児教育実践と「子どもの家」　44
10．エレン・ケイの教育思想と「児童の世紀」　49
11．ラッセルの幼児教育思想　51

〜その他の西洋の教育思想家Ⅰ(近代編)〜　55
〜その他の西洋の教育思想家Ⅱ(新教育編)〜　56

第1部の引用・参考文献　57

第2部 日本の保育・幼児教育思想

第3章 保育・幼児教育思想の成立……………………63
12. 保育・幼児教育思想の胚芽　64
13. 近代教育制度の成立と幼稚園の誕生　69
14. 保育所・保育思想の源流　76

第4章 現代における幼児教育思想の源流……………79
15. 和田實の幼児教育思想と感化誘導論　80
16. 倉橋惣三の幼児教育思想と誘導保育論　83
17. 城戸幡太郎の幼児教育思想と
　　社会中心主義の理論　89
18. 「保育要領―幼児教育の手びき―」における
　　保育思想　92

～その他の日本の教育思想家Ⅰ（江戸・幕末編）～　　97
～その他の日本の教育思想家Ⅱ（明治・大正編）～　　98

第2部の引用・参考文献　99

まとめ ～今に活きる基本原理としての幼児教育思想～………101

編著者紹介　105

第1部
西洋の幼児教育思想

第1章

古代及び
近代幼児教育思想

1．古代ギリシャの教育思想における「対話」

　まず、古代ギリシャ時代にスポットを当て、ソクラテス、プラトン、アリストテレスの教育思想を取り上げ、「対話」という面をクローズアップしながら、現代的かつ幼児教育に焦点を合わせ考察していくことにする。

(1) ソクラテス

　ギリシャのポリス（都市国家）の一つアテナイで生まれたソクラテス（B.C469-B.C399）は、石工の父と助産婦の母の下で育ち、生涯のほとんどをアテナイで過ごしたといわれている。ソクラテスが生まれた時代は、ソフィスト（「知恵のある者」の意味）が強い権力を持っていた時代であった。アテナイでは直接民主制が確立し、自身の意見を堂々と明確に述べ言論を有利に進める力が必然的に求められた。そういった情勢の中で、ソフィストは、時に詭弁を用いて相手を論破し、時には高い授業料を取って若者に勉学を教えていた。デルポイの神託以降、独自の思考スタイルを形成したソクラテスは、神託の反証を試みるがごとく、ソフィストたちと「対話」を続けた。ソフィストたちと「正義とは何か」「善とは何か」など本質を突くような「対話」を重ね、答えを導き出そうとしたが、満足のいく答えは得られなかった。その「対話」のスタイルからソクラテスの教育方法を「問答法」、または知識を生み出すという観点から「産婆術」といわれる。ソクラテスの有名な言葉に「汝自身を知れ」というものがある。つまり「知らないことを知っていると思い込んでいる人よりも、知らないことを自

覚している人の方が賢い」と説く（「自覚の覚醒」としての教育）。これは「無知の知」ともいわれる。

ソクラテスは、「青年を堕落させた」という罪で死刑となった。70歳であったといわれる。ソクラテスの教育思想は、後任にしっかりと受け継がれていくことになる。

(2) プラトン

ソクラテスの弟子プラトン（B.C427-B.C347）は、師匠のソクラテスとは異なり、王族の血を引く家に生まれ、比較的裕福な家庭で育った。青年期は、文武両道を目指して、勉学に加え体育にもいそしみ、レスリングでも業績を残した。

プラトンの学びのスタイルはソクラテスと同じ「対話」である。プラトンは、アカデメイアの学園を創設し、算術、幾何学、天文学、政治学、哲学などの学びを展開した。教育方法は、「対話」であり、教師と生徒の問答によって教育活動が展開された。プラトンの思想は、「イデア説」といわれるものである。永遠不滅のイデアの世界に真理は存在し、我々の知覚はイデアの世界に魂として滞在していた時を想起（アナムネーシス）しているだけであるという。これについては、著書『国家』の中で「洞窟の比喩」として語られている。つまり、我々がみているものは真実ではなく、影に映し出された幻影であるという。そして、人々を真実に気付かせる存在（哲人政治を展開するリーダー）が人々を導くことが重要であると説く。

また、プラトンの初期末の著作に『メノン―徳について―』というものがある。『メノン』は、簡単に言うと「徳

とは何か」「徳を教えることはできるか」を問うものである。現在の道徳教育のあり方や学びの方法論としても注目に値する書籍である。プラトンの著書は、『メノン─徳について─』のように登場人物が「対話」しながら論を進める「対話編」というスタイルで書かれている。ちなみに、プラトンは多くの文（著作や書簡）を残しているが、師匠であるソクラテスは、そういった類のものは一つも残していない。

　ところで、プラトンと同時期にイソクラテス（B.C436-B.C338）という人物が修辞学校を創設している。修辞学校を創設したイソクラテスとアカデメイアを創設したプラトンとは、ライバル関係にあったようである。ここに学びの場としての学校の胚芽を見ることができる。

(3) アリストテレス

　アリストテレス（B.C384-B.C322）は、プラトンの学園で20年間学生として学んだ人物である。様々な分野で功績を残しているため、後に「万学の祖」といわれる。またマケドニアの王アレキサンドロス大王（B.C356-B.C323）の家庭教師を務めたことでも知られている。

　アリストテレスは、リュケイオンという学校の創設に関わり、「対話」や「講義」を展開した。アリストテレスは、午前中回廊を逍遥しながら若者と「対話」や「講義」を展開していたため、アリストテレスを信奉する者を逍遥学派（ペルパトス派）といわれるようになった。アリストテレスは、師匠プラトンとは違い、イデア説には批判的で、現実

の中に真理があると説く。そして、個人の幸福の追求という側面で教育が語られる。教育は、習慣（エートス）と理性（ロゴス）の習得にあるとアリストテレスは説明する。彼の著書『政治学』で示される「人間はポリス的動物である」という言葉は、人間形成は集団の中で行われるということを示している。

(4) 総合的・現代的考察と幼児教育

　ソクラテス、プラトン、アリストテレスという3人の思想家を、教育方法、とりわけ「対話」という側面を意識しながら概観してきた。保育及び幼児教育と直接的につながる思想ではないと思われるかもしれないが、教育活動における「対話」は、現在の保育実践においても盛んに取り入れられているものである。

　特に現行の「幼稚園教育要領」（平成29年告示）における教育方法として「主体的・対話的で深い学び」があげられている。「対話」という教育方法論は、子どもの主体性を引き出し、いわゆるアクティブ・ラーニングにつながっていく。また、「対話」によって「本質」を追及していこうとする姿勢、子どもを「教え導く」（「対話」による気づき）というソクラテス・プラトン・アリストテレスの視点は、今の保育を創造する保育者として、学ぶべきものが多いように思われる。上述の思想は、決して懐古主義ではない。保育者として、自身の実践を豊かにするために、再考していく意味はあるだろう。

2．コメニウスの汎知学と母親学校
(1) 時代背景と略歴

　宗教改革、宗教戦争が激化しペストなどの伝染病を流行した時代、モラヴィア東部（今日のチェコの中央部）で生まれたヨハネス・アモス・コメニウス（1592-1670）は、「近代教授学の祖」と言われる程の功績を残すことになる。コメニウスの教育思想は、彼が生きている間は注目されなかったが、学校体系の構想や考案した絵入り教材などは300年近く過ぎた近現代において注目されることになる。

　コメニウスは、幼いころに両親を亡くし、三十年戦争（1618-1648）という社会が荒れ混沌とする中で成長した。戦争時代を生きた彼の思想の中核は、世界平和を基本とする人間論であるといえよう。彼の教育思想は、幼児教育論、学校教育論、女子教育論、生涯学習論などと幅が広い。ヨーロッパの統一、荒廃した国土や文化の復興を教育という面から見出した点は特筆に対する。

(2)『大教授学』と汎知学

　彼の主著『大教授学』（1653年）の基本命題は、「あらゆる人にあらゆる事柄を教える普遍的な技法を提示する」ことであり、「すべての人」が学校に通う生活を構想していた。この「すべての人」とは、「金持の子弟や身分の高い者の子弟ばかりでなく、すべての子弟が同等に（omnes pariter）つまり貴族の子どもも身分の低い者の子どもも、金持の子どもも貧乏な子どもも、男の子も女の子も、あらゆる都市、町、村、農家」（鈴木秀勇訳『大教授学1』明治図書、p.98）の

人々である。コメニウスは、「人間は、人間になるべきであるとすれば、人間として形成され（formari）なければならぬ」（同上『大教授学1』、p.81）のであると説き、人間形成としての教育論を示している。

彼の思想は、汎知学（Pansophia）といわれる。汎知とは、「神と自然と人事に関する真知の一切」と定義される。こういった考えは、戦乱が長く続く状態において、体系的・統一的な思想を求める多くの人々に受け入れられていくことになる。

(3) 学校体系の構想と幼児教育方法

コメニウスは、単線型の学校体系として「母親学校（6歳まで）―母国語学校（12歳まで）―ラテン語学校（18歳まで）―大学（24歳まで）」を構想している。特に、「母の膝の上」を基本とする「家庭教育としての母親学校」の考えは特徴的である。つまり、母親が教師として幼児期の子どもに様々なことを教えるというもので、学校に通うことを意味していたわけではない。「子どもと親の関係性」という側面に目を向け、人間形成の根幹に位置づけた。

教育方法として、コメニウスは、「直観の原理」を掲げている。つまり、直観（人間の様々な感覚、五感）を中核とする教育方法論を示している。加えて、コメニウスの教育思想には、「自然の原理」が流れている。コメニウスは、自然について「私たち人間の中に住みついている・自然の欠陥を救う手段は、自然の中以外には求めることはできません。なぜなら、申すまでもなく、技術は、自然を模倣す

るのでなければなにごともなしえない」(同上『大教授学1』、p.137)のであると述べる。

　この時代、学校に通えない子どもも多く、たとえ学校に通えても、実生活とはかけ離れたものを暗記・暗唱するという学習スタイルであった。計画的・系統的な内容を様々な方法で学んでいくというものではなかった。コメニウスは、そういった学校による画一的な教育を批判的に捉え、「子どもを中心に」、「子どもの感覚から」、「自然の中で」、「わかりやすく」、「子どもの興味を大切にしながら」という面を重視した点は、現代からみても特筆に値するものである。

　また、コメニウスは、母の膝の上で行われる「母親学校」について、「樹木の大枝はどれも皆初めの数年のうちに幹から出て、あとはただこれが伸びて行けばよいわけです。ですからこれと同じことで、一生に役立つ教育をしたければ、役に立つことを皆この・最初の学校のうちに植えつけてやらなくてはなりません」(鈴木秀勇『大教授学2』明治図書、p.100)と述べ、幼児期の教育を最も重要視したのである。特に「この幼児期の・最初の教育は全体として、両親の思慮にまかせるほか仕方がありません」(同上『大教授学2』、p.106)と述べ、家庭教育の重要性を提示している。さらに、コメニウスは、教育行為と印刷術を掛け合わせ、「教刷術」についても言及している。

(4) 世界初の絵入り教材『世界図絵』
　彼が1657年に発刊した『世界図絵』は、絵本や百科事典

の原型といえる。子どもにとってわかりやすく、興味を刺激するものであり、まさに「あらゆる人」が学ぶための教材であった。『世界図絵』の最初の方のページに、動物の鳴き声からアルファベットを学ぶ項目があり、面白く興味深い。本文は、イラストとその説明文を150の章（項目）に分け具体的に示している。

　『世界図絵』は、当時多くの人に読まれ、印刷技術の向上も合いまって劇的に流通していった（グーテンベルク（1398-1468）の活版印刷が隆盛したころでもある）。世界初の「絵入り教材」としての『世界図絵』は、別の見方をすれば、「世界初の視聴覚教材」ともいえる。どちらにしても、現在につながる先駆的な取り組みであったといえよう。『世界図絵』は、ドイツの詩人・作家のゲーテ（1749-1832）の愛読書であったともいわれている。

3．ルソーの「子ども中心主義」の教育思想
(1) 時代背景と略歴

　ジャン・ジャック・ルソー（1712-1778）は、スイスのジュネーブで時計職人の子として生まれ、間もなく母親が死亡した。その後、父親も失踪した。徒弟に出されたが、うまくいかず孤独の中で放浪生活を過ごしながら独学で学び自身の思想を形成していく。そういった経緯もあり、ルソーはまとまった学校教育を受けることはなく成長していったのである。

　独自に勉強していたルソーは、フランス中東部にある都市ディジョンのアカデミーが主催する懸賞論文「学問の復

興は習俗の鈍化に寄与したか」に応募し金賞を得たことで一躍有名になった（その成果は後に『学問芸術論』（1751年）として発表した）。子どもは5人いたようであるが、皆孤児院に入れてしまう。教育小説『エミール』や社会改革を謳う『社会契約論』はあまりにも有名である。フランス革命が勃発する直前のフランスで活躍し、後世の思想家に多大に影響を与えた人物である。また、オペラや音楽にも精通し、「むすんでひらいて」はルソーの作曲である。ルソーは、その功績から「子どもの発見者」といわれる。幅広く活躍したルソーの思想は、今を生きる人々をも魅了し続けている。

(2) ルソーの教育思想―消極教育―

ルソーの名著『エミール』の冒頭で次のように述べられている。「万物をつくる者の手をはなれるときすべてはよいものであるが、人間の手にうつるとすべてが悪になる」（今野一雄訳『エミール（上）』岩波書店、p.27）と。「万物をつくる者の手」というのは、簡単に言えば「神」のことである。しかし人間は、人間が教育することによってすべて悪になるという衝撃的な書き出しである。こういったところから、ルソーの教育思想の根本は、「消極教育」といわれるものである。つまり、積極的に知識を教え込むのではなく、子どもが自由に様々な体験を通じて人生を生きるすべを学んでいくというものである。子どもを中心に考えるというところから、ルソーの教育思想は「子ども中心主義」の思想ともいわれる。

ルソーの思想を示す言葉に「自然に帰れ」というものがある（ルソー自身が言ったわけではない）。ルソーは、子どもの自然性を大切にすることが教育の基本であると考えている。つまり、ルソーは、外から知識を教え込むような教育ではなく、子どもの内から表出される能動性と経験の積み重ねによる学びを大切にする教育のあり方を示したのである。

(3) 教育小説『エミール』について

　そもそも『エミール』は、家庭教師と一人の男の子エミールへの教育を仮定した教育小説である。「教育について」と副題がついているが、決して、（学校）教育論を学術的に論じたものではない。家庭教師の教育を通して、子どもが成長していくプロセスとその時々の発達、教育方法、留意点などを示したものである。ルソーはどちらかと言えば学校教育を否定的に捉えていた。『エミール』は、換言すれば、世界初の教育・子育て小説ともいえる。ルソーは『エミール』の中で「植物は栽培によってつくられ、人間は教育によってつくられる」（同上『エミール（上）』、p.28）と述べる（植物比論）。ルソーが『エミール』で最も言いたかったことは、次の文章に集約されているといえよう。「人は子どもというものを知らない。子どもについてまちがった観念をもっているので、議論を進めれば進めるほど迷路にはいりこむ。このうえなく賢明な人々でさえ、大人が知らなければならないことに熱中して、子どもにはなにが学べるかを考えない。かれらは子どものうちに大人をもとめ、大人に

なるまえに子どもがどういうものであるかを考えない。この点の研究にわたしはもっとも心をもちいて、わたしの方法がすべて空想的でまちがいだらけだとしても、人はかならずわたしが観察したことから利益をひきだせるようにした」(同上『エミール（上）』、pp.22-23)。ルソーは、まず大人が子どもを正しく理解することの重要性を提示した。そして、子どもは子どもとして固有の存在であり、決して「小さな大人」ではないということ、つまり早く大人になるための訓練を積み時期でもないことを主張し、「成人」と対になるかたちで「成童」という概念を示している。

　ルソーは、いわゆる自然的経験主義の教育思想を根幹としている。そして「人間の教育は誕生とともにはじまる。話をするまえに、人の言うことを聞きわけるまえに、人間はすでに学びをはじめている。経験は授業に先だつ」（同上『エミール（上）』、p.90）と述べ、自身の認識論を提示すると同時に、最初期の教育の重要性を説く。また、ルソーは、教師について、その条件として、まず「金で買えない人間であることだ。金のためにということではできない職業」であることを提示し、「ではいったい、だれがわたしの子どもを教育してくれるのか。わたしがさっき言ったとおりだ。それはきみ自身だ。わたしにはできない」と述べている。さらには友人を作ることが教育の一歩であると示している（同上『エミール（上）』、pp.58-59）。

　ルソーの教育論が示される『エミール』は、5編から成り立っている。その具体的な構成は、1編「誕生から2歳」、2編「幼児教育（3歳から12歳まで）」、3編「青年期」、4

編「16歳から成人まで」、5編「結婚論」である。続編の作成にあたっていたが、生存中に完成することはなかった。また、『エミール』と『社会契約論』は同年（1762年）に発行されているところも特徴的である。『エミール』で描かれる教育のあり方、もっと言えば人間形成論は、これからの社会を担う市民の形成という意味をももっていたといえる。

4．ペスタロッチの「愛の思想」に基づくメトーデ
(1) 時代背景と略歴

ヨハン・ハインリッヒ・ペスタロッチ（1746-1827）は、スイスのチューリッヒで生まれた。幼いころに牧師であり外科医であった父ヨハン・バプテスト・ペスタロッチを亡くし、母スザンナ（1720-1796）と使用人バーバラに育てられた。母スザンナは、使用人のバーバラと共に、ペスタロッチに寄り添いながらやさしく育て、学校にもしっかり通わせた。ペスタロッチは、そういった愛に満ちた環境で育てられたのである。それが彼の教育思想の根幹にあると思われる。

ペスタロッチは、チューリッヒ大学時代にルソーの『エミール』などの著作を読み、感銘を受け、重農主義の思想や政治、社会改革についての思想を形成していくことになる。時代は、まさにフランス革命期であり、ヨーロッパ絶対王政のあり方が揺らいでいく時代でもあった。フランス革命の余波はスイスまで到達し、スイスでも戦乱・革命が起こった。こういった時代に、ノイホーフで貧民教育、シュ

タンツで孤児院、ブルクドルフで初等教育などに関わり、さらにはイヴェルドン学園での教員養成など幅広く教育実践を展開した。ペスタロッチは、かかる実践を通し、自身の教育方法を形成していったのである。さらには、教育を基盤とする社会改革をも構想していた。彼の功績は、後に「民衆教育の父」や「人類の教育者」などといわれる。様々な失敗と挫折を経験しながらも、ノイホーフにおいて82歳で亡くなるまで、貧しい子どもたちのことを常に考え、積極的に活動したその功績は特筆に値する。

ペスタロッチの活躍は、アメリカではシェルドン（1823-1897）によるオスウィーゴー運動（名称は、アメリカオスウィーゴーにある初等教師養成学校で実践されたことによる）へと発展した。日本においては、明治期に高嶺秀夫（1854-1910）らによって伝えられ、明治期から戦前の日本における教育理論の大きな柱となった。

(2) ペスタロッチの教育思想―「メトーデ」として―

ペスタロッチの名著『隠者の夕暮』（1780年）の冒頭に「玉座の上にあっても木の葉の屋根の蔭に住まっても同じ人間、その本質から見た人間、一体彼は何であるか」（長田新訳『隠者の夕暮・シュタンツだより』岩波書店、p.7）と示されている。これは、「人間は皆平等である」という信念を基本とした言葉である。この『隠者の夕暮』の中に、彼の教育思想が示されている。

彼の教育方法（メトーデ）は、『白鳥の歌』（1825年）で示されているように、「自然なる法則」の中で頭（精神）、

心（情緒）、手（技術）を調和的に発達させることである。子どもの興味を刺激し、楽しさ、わかりやすさを求めたペスタロッチのメトーデは、「直観教授」、「実物教授」ともいわれる。ペスタロッチの直観教授（実物教授）とは、知識を言葉だけ教えるのではなく、実物や実体験、感覚などを通して獲得していくというものである。また、『ゲルトルートはいかにしてその子を教えるか』（1801年）の中で、数・形・語を基本とするメトーデを示している。それは、「直観のABC」といわれる。ペスタロッチの言葉に「生活が陶冶する」というものがある。つまり、日常の生活が中心となって子どもの学びが深まっていくとペスタロッチは考えた。

ペスタロッチの教育の目的は、子どもの「道徳性の形成」である。『シュタンツだより』（1799年）には「道徳の基礎的陶冶の範囲は一般に三つの見地に立っている。すなわち純真な感情によって道徳的情緒を喚起すること、正しくかつ善良なもののなかで克己と奮励とをさせて道徳的訓練を行うこと、最後にすでに子供が自分の生活と境遇とを通じて立つ正義関係と道徳関係とを熟慮させ比較させることによって道徳的見解を養うことだ」（同上『隠者の夕暮・シュタンツだより』、p.78）と述べている。

ペスタロッチは、道徳教育の基本は、「母親の愛」であると説く。ペスタロッチは、『シュタンツだより』の中で次のように述べる。「家庭教育のもつ長所は学校教育によって模倣されなければならないということ、また後者は前者を模倣することによって初めて人類に何か貢献するということ

を証明しようと思った」「よい人間教育は、居間におる母の眼が毎日毎時、その子の精神状態のあらゆる変化を確実に彼の眼と口と額とに読むことを要求する」「よい人間教育は、教育者の力が、純粋でしかも家庭生活全体によって一般的に活気を与えられた父の力であることを根本的に要求する」(同上『隠者の夕暮・シュタンツだより』、p.54)と。ここにペスタロッチ教育思想の本質を見ることができる。

　乙訓稔は、著書の中で「彼の幼児教育の理念や原理を要約すれば、第一に幼児教育は知識の習得そのものが目的ではなく、その目的は生活への適応であり、それも心情の教育と精神的な人間の陶冶が中心的な課題となっている。第二には、子どもの感覚に訴える事物を提示することで、子どもの興味や関心を喚起するという直観教授を原理とする理念が挙げられる」とまとめている(乙訓稔『西洋近代幼児教育思想史—コメニウスからフレーベル—』東信堂、p.87)。

(3) 農業経営と様々な教育実践の展開

　ペスタロッチは、1771年(20歳代)、アールガウ州ビル村に土地を買い、ノイホーフ(「新しい農場」の意味)と名付け、農場経営を妻アンナと息子ヤーコプと3人で展開した。そして、その傍ら、近隣の子どもたちと貧民学校を設立し運営する。かかる展開の理由は、ルソーに影響を受けた重農主義思想に基づくものであり、「自然こそ教師である」とペスタロッチが考えたからである。しかし、農場経営は失敗し、2年半ほどで廃業となり、同時に貧民学校も閉鎖となった。

また、1798年（50歳代）には、フランス革命の余波としてのスイスの革命でたくさんの孤児が生まれたことに関係して、シュタンツという村で孤児院を展開した。しかし、これも半年ほどで閉鎖となる。

　その後、ペスタロッチは、1799年にブルクドルフの小学校の教員となった。そこでは、指導の傍ら、教科書や教材の作成に尽力した。1804年にはイヴェルドンに学校を設立し併せて教師養成も展開した。1806にはイヴェルドンに当時ではめずらしい女子学園を設立した。

(4) 論文「立法と子殺し」について

　あまり知られていないが、ペスタロッチは、不当な処遇に苦しむ未婚の女性について、秘密・安全・無償の出産の保証などを訴えた。つまり、若くして妊娠し、男性に逃げられた少女は、絶望し子ども殺しにつながっていくというのだ。ペスタロッチは、当時の社会矛盾を浮き彫りにし、国家による法整備や支援について懇願していたのである。

　ペスタロッチは、論文の冒頭で「ヨーロッパよ、汝の首切り役人の刀の鞘に納めるがよい！そんなものは子供殺しをした娘たちを、いたずらに切り裂いているだけである。心の内なる狂気、絶望的な内心の激怒がなければ、どんな少女も自分の子を絞め殺したりはしない。そして荒れ狂い、絶望的になっている者のうち、一人として汝の処刑刀を恐れる者はいないだ」と述べ、少女の目の前の殺人のみに目を奪われ真実を見逃していること、また死刑という刑罰の脅しによってこうした犯罪が防止されると考えることの誤

りを指摘したのである（長尾十三二・福田弘『人と思想 ペスタロッチ』清水書院、pp.76-77）。

5．ヘルバルトの四段階教授法と教育思想
(1) 時代背景と略歴
　ヨハン・フリードリヒ・ヘルバルト（1776-1841）は、北ドイツのオルデンブルクに生まれ、病弱だった幼少期には家庭での学びがメインであった。ギムナジウム修了後は、イエナ大学でフィヒテ（1762-1814）のもとで学ぶ。ヘルバルトは、科学と教育学を融合させたという面から「科学的教育学の父」ともいわれている。1799年にブルクドルフにあったペスタロッチの学校を訪れ（ペスタロッチは当時53歳）、ペスタロッチの教育方法を直接見学し学んだ。それがきっかけで『ペスタロッチの直観のABC』などのヘルバルトによるペスタロッチに関する著作の作成につながる。1802年にゲッチンゲン大学の講師となり、このころに『一般教育学』を著している。1809年にケーニヒスブルク大学の哲学教授として招聘される。教育学のゼミナールを初めて開講したといわれている。

　彼の思想は、ヨーロッパのみならず、ハウスクネヒト（1853-1927）らによって日本でも紹介されたこともあり、日本の教育学者にも多大な影響を与えている。

(2) 四段階教授法
　ヘルバルトは、教育を科学的に捉えようとした第一人者である。ヘルバルトは、「教育学は、教育者にとって必要な

科学であるが、しかしまた教育者は、相手に伝達するために必要な科学知識を持っていなければならない。そして私は、この際、教授のない教育などというものの存在を認めないしまた逆に、少なくともこの書物においては、教育しないいかなる教授もみとめない」(三枝孝弘訳『一般教育学』、明治図書、p.19) として、教育と教授が融合する教育的教授を提示した。

ヘルバルトは、教育の目的を倫理学に教育の方法を心理学に求めた。ヘルバルトが考える教育の目的は「道徳的品性」と「興味の多面性」の陶冶である。教育方法は、著書『一般教育学』(1806) の中で、教育を「管理」「訓練」「教授」の三つに分けて説明している。「管理」とは子ども自身にとって有害なものを取り除き教育活動をよりよいものにしていくことであり、「訓練」とは子どもを道徳性に向かわせる教師の働きかけであり、「教授」とは子どもの様々な経験を基盤としながら教材などを用いて行われる教師の指導である。

教授段階は、「専心」と「致思」に分けられる。「専心」とは、一定の対象に没頭している状態であり、「致思」とは専心によって得られた表象を反省し統一することである。これら「専心」と「致思」は、「動的」と「静的」に分けられる。

この「動的専心」「静的専心」と「動的致思」「静的致思」は、具体的には「明瞭」「連合」「系統」「方法」の四段階の中で展開される。「明瞭」とは個々の物事を明瞭に獲得していく段階、「連合」とはすでに習得している明瞭化された知

識と比較する段階、「系統」とは連合された知識を系統立てる段階、「方法」とは系統に基づき新事項を発見し系統を応用する段階である。教授過程を明確化・統一化し、教育実践を科学的に捉える行為は極めて意義のあることであったが、教授過程の明確化は教師中心の教育方法に陥りやすいという面も忘れてはならない。

　ヘルバルト教育思想の展開においてもう一つ重要な点が「興味」論である。ヘルバルトは、「興味の多様な諸方向は、その対象がわれわれに色とりどりにまたさまざまにあらわれると同様に、あちこちにいろいろと分岐するけれども、しかしそれらはすべて一点から拡大されなければならない。いいかえれば多くの側面は一つの身体の異なった表面のように、同じ一人の人間の多様な側面を描き出すべきである。すべての興味はこの人において一つの意識に属さねばならない。この意識の統一をわれわれは決して忘れてはならない」と述べ、「興味」の「多面性」と「統一性」について指摘する（同上『一般教育学』、p.66）。

　こういった子どもの教育的な「興味」に着目した点は、のちの新教育の展開にも影響を与えているといえる。西洋教育史研究者である長尾十三二は「ヘルバルトの教授論史上における功績は、興味概念による教授内容及び方法の体系化に道を拓いたということである。むろんこの場合、教授とは「教育的教授」（Erziehender Unterricht）の意味である」と述べている（長尾十三二編『新教育運動の歴史的考察』明治図書、p.19）。それだけヘルバルトの「教育的教授」論及び「興味」論は、後の世界の教育のあり方に影響を与えた

ということである。

(3) ヘルバルト学派の隆盛

ヘルバルトの段階的な教授法は、後の研究者によって継承・発展されていく。トゥイスコン・ツィラー（1817-1882）は、ヘルバルトの「明瞭」を二つに分け「分析・総合・連合・系統・方法」と5段階教授法を示した。一方、ヴィルヘルム・ライン（1847-1929）は、さらに改良を加え、「予備・提示・比較・概括・応用」という5段階教授法を提示した。日本では、ツィラーやラインの5段階教授法が戦前の学校における指導方法の主流をなしが、徐々に形骸化していったという側面もある。

ヘルバルトの「教育を科学的に考察していく」という点は、当時の教育の世界に一石を投じるものであったといえよう。ヘルバルトの理論は、現在のわが国の学校教育における教授方法としての「導入―展開―まとめ」など指導過程の源流であるといっても過言ではない。

6．オウエンの環境原理と性格形成論
(1) 時代背景と略歴

ロバート・オウエン（1771-1858）は、イギリスのウェールズで生まれ、10代でロンドンに徒弟奉公に出た。20代で紡績工場を買い取り、経営者となった。

オウエンの生まれ育った時代は、産業革命真っただ中であった。機械化により生産力は一気に向上し、モノは大量生産され、人々は豊かになると思われた。しかし、工場は

乱立し、子どもや女性の労働、低賃金や衛生環境の劣悪化などが問題となった。また工場からの排出物質は環境問題へ直結した。テムズ川周辺には、浮浪者があふれ、汚物は垂れ流され、衛生状態は最悪の状態であった。労働基準に関する法律はなく、資本家と労働者という枠組みの中で、労働者はまさに搾取される存在であった。急速な工業化は、新たな社会問題を生み出したのである。

　オウエンは、児童労働の禁止や教育の普及を提唱し続け、1802年、ついに子どもの労働時間を制限する記載が盛り込まれた「工場法」が成立する。1833年の「工場法」改定では、児童労働者の教育の義務化が盛り込まれた。こういった背景から、オウエンは「義務教育の父」とも言われる。その後、上述の様々な社会問題の解決を目指し、マルクス（1818-1883）やエンゲルス（1820-1895）らが登場し社会主義・共産主義の思想が生まれる。オウエンは、マルクス、エンゲルスらから「空想的社会主義者」として批判されるが、彼の教育、とりわけ幼児教育に関する業績は特筆すべきものである（空想的社会主義者として、オウエン以外にもサン＝シモン（1760-1825）、フーリエ（1772-1837）らが有名である）。

　晩年は、私財を投じてアメリカインディアナ州に共産社会を設立（ニューハーモニー村の創設）したが失敗した。様々な批判を受けようとも、私有財産や既成宗教を批判し、労働者の生活改善などを訴え続けたが、1858年に87歳で亡くなった。

(2) オウエンの保育・教育思想

　オウエンは、工場経営者として、労働環境の改善、子どもの教育（幼児教育を含む）について構想した。オウエンは、1816年、ニューラナーク（スコットランド）工場内に性格形成学院(New Institution for the Formation of Character)という学校を設立した（New という語が入っているので性格形成「新」学院と訳すこともある）。そこには、幼児学校（１歳から６歳まで）、昼間学校（初等教育施設）、夜間学校（成人教育施設）などがあった。幼児学校の設立については、フレーベルのキンダーガルテンよりも早くに創設している点から世界初の幼児教育施設ともいわれる。夜間学校（成人教育施設）は、世界初の夜間学校ともいわれる。

　オウエンによれば、人間の性格は個人の意志によるものではなく、周囲の環境によってつくられるという（環境原理）。これについて、オウエンは「適当な手段を用いれば、どんな一般的性格でも、最善のものから最悪なものまで、最も無知なものから最も知識あるものまで、どんな社会にも、広く世界にでも、付与することができる。しかもその手段の大部分は、世事に影響をもっている人たちが意のままにし、支配しているところのものである」(楊井克己訳『新社会観』岩波書店、p.25)と述べている。ここからも、オウエンが人間の性格形成の基盤に環境の重要性を提示しているということがわかる。もっと言えば、子どもが直面している最悪な社会環境を改善し、最善の性格を形成するような社会環境を構成していくことの重要性を社会に向けて発信していったのである。

さらにオウエンは、教師の叱責や体罰を禁止し、子ども が楽しく、豊かに学べる環境づくり、年上の子どもが年下 のお世話をすることの重要性を提示する。オウエンは『自 叙伝』の中で、「幼い子供の心や感情は、然るべく考えられ たり注意されたりすることはごく稀だ、しかも大人たちが、 もし根気よく子供らを励まして子供らが考えたり感じたり した事をありのままにいわすようにすれば、子供の多くの 悩みは救われるであろうし、大人は人間性に関する多くの 有益なる知識を得られるだろう」(五島茂訳『オウエン自叙伝』 岩波書店、p.27) と述べる。そして「罰というものは、おお むね無益であるだけでなく、罰する人にとっても、罰され る人にとっても甚しく有害有毒なものである」(同上『オウ エン自叙伝』、p.29) と示している。

　また、子どもの興味を喚起することの重要性など、子ど もの心情面を大切にしながら教育論を展開する。幼児教育 におけるダンスや音楽、収穫、見学、地図の学び、虫取り なども奨励され実施された。教育方法という面から考えれ ば、知識の習得というよりも、子どもの興味や好奇心、様々 な経験を何よりも重視し、そういった経験が人間形成に極 めて大きな意味をもつという理論を展開したのである。

７．フレーベルの幼児教育思想と遊び論
(1) 時代背景と略歴
　フリードリヒ・ヴィルヘルム・アウグスト・フレーベル (1782-1852) は、ドイツ中部の森林地帯であるチューリン ゲン州オーベルヴァイスバッハという小さな村で、牧師の

6人兄弟の末っ子として生まれた。父は、敬虔な牧師であったが仕事に忙殺され家庭を顧みる余裕はほとんどなかったという。生後間もなく母を亡くし、継母に育てられるが、継母に子どもができると疎まれるようになり孤独な少年時代を過ごした。フレーベル10歳の時に伯父ホフマンに引き取られ、温かい家庭の中で過ごすことになる。1799年、フレーベルはイエナ大学に入学し様々なことを学び有意義な学校生活を送ったが、授業料が払えず1801年に退学する。その後、建築家を目指してフランクフルトに出向く。

フレーベルは、友人の紹介でペスタロッチの信奉者で模範学校の校長をしていたグルーナー（1778-1844）と出会う。その出会いがきっかけでフレーベルは、フランクフルトで模範学校の教師となった（グルーナーが当時建築家を目指していたフレーベルに「建築家などやめなさい、それはあなたに向いていない。教育者になりなさい」と呼びかけた）。グルーナーとの出会いは、フレーベルをペスタロッチ教育思想に出会わせるきかっけにもなる。フレーベルは、ペスタロッチの教育思想に感銘を受けるようになる。その後のフレーベルは、ペスタロッチのイヴェルドンの学園を訪れ、2年間も滞在し、その教育方法を実際に見て学んだ。その後、ゲッティンゲン大学、ベルリン大学で学んだ。そういった過程の中で幼児教育に関心を示し、のちに幼稚園を創設し、「幼児教育の父」といわれるようになる。フレーベルの幼児教育思想は日本にも波及し、日本の幼稚園設立の基本思想となっている。

(2) フレーベルの幼児教育思想

フレーベルは、「遊戯（遊び）」の教育学意義を見出した人物ともいえよう。フレーベルは、「遊戯することないし遊戯は、幼児の発達つまりこの時期の人間の発達の最高の段階である」「遊戯とは、すでにその言葉自身も示していることだが、内なるものの自由な表現、すなわち内なるものそのものの必要と要求に基づくところの、内なるものの表現にほかならない」（荒井武訳『人間の教育（上）』岩波書店、p.71）と述べ、子どもの内から出てくる自由な遊び、自己表現活動としての遊びを何よりも重視したのである。そして、「幼児は、遊戯をしながら、進んで、しかももし可能なら、多くのことを話すものである。遊びということと、話をするということとは、子どもが現にそこにおいて生きているところの元素である」と示している（同上『人間の教育（上）』、p.70）。また、フレーベルは、子どもに宿る「神性」をゆがめることなく育てることの重要性を説く。これは万有在神論に基づく思想である。

次に、フレーベルの教育実践に目を移していこう。1816年、グリーンハイムに「一般ドイツ教育舎」を創設し、5人の子どもの教育にあたった。1817年にはカイルハウに移転し「一般ドイツ学園」と改称し、生徒数も増加していった。以上の教育実践を基盤に1826年『人間の教育』を執筆する。フレーベル研究者の小笠原道雄は「1818年から1826年までのカイルハウ時代は、フレーベルの最も円熟した時期であった。自分の学校という小さな交際範囲に引きこもり、先頭に立って自分の学校で授業を行い、同僚たちと議

論するなかで、フレーベルは自己の最も内的なもの、すなわち、教育学的問題としての「球体法則」を、実践と出版物のなかで外在化させたのである」と論じている（小笠原道雄『人と思想 フレーベル』清水書院、p.88）。

1840年には、キンダーガルテンという名称で幼児教育を展開する。キンダーガルテンは「子どもの庭」を意味するフレーベルの造語である。

もう一つ、フレーベルの偉業として有名なのが、「恩物」（Gabe）の考案である。これは子どもの想像力を引き出す玩具として生成された。球体法則へのこだわりも見出すことができる。「恩物」は、毛糸の毬のようなものや積木などさまざまある。形状や用途の違いから第一恩物から第二十恩物まで存在し、子どもの発達を意識した構成となっている。「恩物」という名称について、小笠原は「元来ドイツ語では贈り物、賜物、天職の才、天分の意味である。「人間への神の賜物」の意でフレーベルが命名し、それを1876年、東京女子師範学校附属幼稚園初代監事、関信三によって仏教的意味に置き換えられ、恩恵をもって父母や仏から賜わった物という意味合いを込めて「恩物」と命名されている」（同上『人と思想 フレーベル』、p.208）と説明している。

また、フレーベルは、「教育、教授、および教訓は、根源的に、またその第一の根本特徴において、どうしても受動的、追随的（たんに防禦的、保護的）であるべきで、決して命令的、規則的、干渉的であってはならない」と教師論を述べている（同上『人間の教育（上）』、p.18）。

(3) 晩年―啓蒙活動として―

　フレーベルは、「母親よ、子どもの遊戯をはぐくみ、育てなさい。父親よ、それを庇い、護りなさい。―人間のことにほんとうによく精通している人の、落ちついた、透徹した眼には、この時期の子どもが自由に選んだ遊戯のなかに、その子どもの未来の内面的な生活が、ありありと浮かぶ。その年代のもろもろの遊戯は、未来の全生活の子葉である。というのは、それらのなかにこそ、人間の全体が、最も微細な素質や内的な性向のままに、展開されてくるし、現れてくるからである」（同上『人間の教育（上）』、pp.71-72）と述べ、母親・父親による家庭での教育（いわゆる子育て）と遊戯の重要性を主張した。そして、啓蒙活動として、家庭を担う世間の母親・父親に育児・幼児教育の必要性と訴え続けたのである。

　1844 年には、家庭向けの育児書『母の歌と愛撫の歌』を執筆した。晩年のフレーベルは、「さぁ、子どもに生きようではないか」という言葉を好んで使用していたようである。彼の墓標には、この言葉が刻まれていると同時に、「恩物」を模した形をしている。現代における幼稚園教育のあり方の原点は、フレーベルにあるといってよいだろう。

第 2 章

新教育における
幼児教育思想

次に、新教育（New Education）という視点から幼児教育を考察していきたい。新教育とは、これまでの画一的・一方的な、教科書やその暗唱を中心とする教育ではなく、子どもを中心に捉え、子どもの主体性、興味、自由を中心とする活動や学びを重んじる教育のことである。したがって、新教育の特徴は、簡単に言えば、「子ども中心」、「生活中心」、「経験中心」「作業中心」の理念を中核に、「全人教育」を展開していくところにある。進歩主義教育（Progressive Education）ともいわれる。

　そのはじまりは、セシル・レディ（1858-1932）のアボッツホルム・スクールやフランシス・パーカー（1837-1902）の教育思想であるが、ルソーやペスタロッチ、フレーベルらの子ども中心、自然主義、経験主義、直観主義的な教育思想がその源流であるといえる。ちなみに、フランシス・パーカーは、「進歩主義教育の父」といわれデューイに大きな影響を与えた。

　以下では、デューイ、モンテッソーリ、エレン・ケイ、ラッセルを取り上げ、その幼児教育思想を具体的に考察していくことにする。

8．デューイの経験主義教育思想と幼児教育
(1) 時代背景と略歴

　ジョン・デューイ（1859-1952）は、1859年アメリカ合衆国のバーモント州バーリントン町の食品店の家に生まれた。デューイは、南北戦争（1861-65）後のアメリカ資本主義社会が急成長していくそのさなかに生まれた。家庭は決

して裕福ではなかったが、バーモント大学でチャールズ・ダーウィン（1809-82）の進化論やオーギュスト・コント（1798-1857）の実証哲学を学んだ。成績は優秀であったという。その後は、高等学校の教師、小学校の教師を勤めた。1882年、ジョンズホプキンス大学大学院でスタンレー・ホール（1844-1924）のもとで学んだ後に博士号を取得する。博士論文は「カントの心理学」であったという。1884年にミシガン大学に勤務し、1894年からシカゴ大学で勤める。

多くの著作を残し、哲学、教育学、倫理学、心理学など、後世に多大な影響を残している。「為すことによって学ぶ（Learning by doing）」というデューイの言葉は、経験主義的な教育思想を示す有名な言葉である。

(2) デューイ教育思想の根底

デューイの思想の根幹にプラグマティズム（pragmatism）がある。プラグマティズムとは、具体的な経験の中で物事を検討していこうとする行為のことであり、パース（1839-1914）によって形成され、ジェイムズ（1842-1910）によって発展され、デューイによって大成された概念である。

したがって、デューイ教育思想の根本に、プラグマティズム思想に基づく、行動によって学ぶという「経験主義」の教育思想がある。デューイは、著書『民主主義と教育』（1916年）の中で、「教育とは、経験の意味を増加させ、その後の経験の進路を方向づける能力を高めるように経験を改造ないし再組織することである」（松野安男訳『民主主義と教育（上）』岩波書店、p.127）と教育の基本原理を述べる。さ

らに、デューイは、「経験の価値は、経験が向かっていき、そこにはり込んでいくという動きに基づいてのみ判断されうるものである」「経験がどのような方向をとっているのかを知ることが、教育者の仕事になる。教育者が、未成熟な者が経験するうえでの条件を組織するのに力を貸さないようでは、その教育者のもつすぐれた洞察力を投げ捨ててしまうことになる」と教師論を述べる（市村尚久訳『経験と教育』講談社、pp.52-53）。

(3) デューイの学校論と幼児教育—シカゴの実験学校—

デューイは、シカゴに実験学校を創設した。通称「デューイスクール」といわれている。デューイ実験学校は、幼稚園から中学校まで存在した。学校は家庭学校（スクールハウス）の構想を基本としており、生活（衣・食・住）を基本とした学びが展開された。子どもの興味が何よりも最優先され、子どもが自由に学びを深めていく。教師は支援者となり、子どもの経験を支えていくのである。

そこでの実践理論は、『学校と社会』(1899年)の中でまとめられている。デューイは、『学校と社会』の中で「このたびは子どもが太陽となり、その周囲を教育のさまざまな装置が回転することになる。子どもが中心となり、その周りに教育についての装置が組織されることになる」（市村尚久訳『学校と社会・子どもとカリキュラム』講談社、p.96）と述べ、子ども中心主義の思想を示した。これはコペルニクス的転換といわれる。

デューイは、教育の方法としての仕事（occupation）の

概念を提示する。仕事（occupation）とは、「子どもがおこなう一種の活動様式であって、それが社会生活において営まれているある種の形態の作業を再現したり、あるいはその作業に類似した形態でおこなわれることにほかならない」（同上『学校と社会・子どもとカリキュラム』、p.205）と述べている。

デューイは『学校と社会』の中で、幼稚園から小学校、中学校と学校段階で途切れながら続く学校制度について、「教育における浪費」として批判し「幼い子どもの教育と成熟していく青年の教育とを分離している障壁を打破したいのである。そして、初等の教育と高等の教育とを一体のものにしたいと願う。教育には、初等も高等もなく、ただあるものは、教育だけである」（同上『学校と社会・子どもとカリキュラム』、p.154）と述べる。つまり、幼児期から青年期までつながる学校体系の重要性を主張したのである。シカゴのデューイ実験学校においても、「幼稚園」「小学校」と学校との種別として別れてはいるが、実践においては幼児期の経験や興味がプロジェクトとして初等教育まで連続して続くようなかたちで展開されている。

(4) デューイの興味論

デューイは、『学校と社会』の中で、子どもの興味を、会話やコミュニケーションの興味、物事を発見する探究的な興味、物をつくる製作・構成に関する興味、芸術的表現への興味の四つに大別している。そして「これらの興味は自然の資源であり、まだ投資されていない資本であり、子ど

もの活動的な成長は、これらの興味をはたらかせることにかかっている」(同上『学校と社会・子どもとカリキュラム』、p.111) と述べる。そして、「仕事に伴って生じてくるようなタイプの興味は、すこぶる健全であり永続的であって、真に教育的な性質のものであるということは、確かな理由によりそう信じられているものである」(同上『学校と社会・子どもとカリキュラム』、p.209) と述べる。

また、『教育における興味と努力』(1913年)では、興味の特性として、「活動的」、「投影的」、「推進的」、「対象的」、「個人的」という点を示している。そして、デューイは、「直接的興味 (direct interest)」と「間接的興味 (indirect interest)」という二つの観点から興味論を考察している。「直接的興味」とは、その行動をすること自体に満足し、その行為自体に目的がある状態である。例えば、子どもの遊びや音楽の好きな人が音楽を学習するということである。「間接的興味」とは、これまで無関心または不快であったことが、他の行為をするときの関係性に気づいたことで、その関係性のある行為や出来事に興味を示すことである。例えば、楽譜の読み方に興味を示さない人が今よりも発声がうまくなりたいと考え、その時楽譜が読めることが上達の条件であることに気付き楽譜に興味を示すことである (濱中啓二郎「幼児教育におけるデューイ興味論の展開に関する研究—デューイ実験学校の実践を中心に—」『関東教育学会紀要』第41号、p.3)。

『民主主義と教育』の10章に「興味と訓練」という章があり、そこでデューイは、「興味と訓練とは、目標をもつ活

動の相関的な二面である」と示す。興味は子どもの活動の初期の不安定な段階と後期の完成段階との間に存在するものであり、その間の状況の変革のために努力が必要になってくる。つまり、興味は注意と忍耐の持続が必要になってくるのである。その状況の変革のための注意と忍耐の持続が訓練といわれるものであり、持続的注意力ともいえるものであるとデューイは示す（同上『民主主義と教育』、p.220）。そして、「興味」は、「目的をもつあらゆる経験において、対象―知覚されたものであろうと、想像に現れたものであろうと―が人の心を動かす力を意味する」（同上『民主主義と教育（上）』、p.209）のである。

(5) デューイ教育思想の継承と現代的考察

　デューイの弟子のウィリアム・H・キルパトリック（1871-1965）は、デューイの教育思想を継承し、プロジェクト型の学びを提唱している。キルパトリックは、論文『プロジェクト法―教育過程における目的ある行為の使用―』の中で、プロジェクトを「社会的環境の中で展開される全精神を打ち込んだ目的ある活動」と定義している（市村尚久訳『プロジェクト法』明玄書房）。また、アメリカのヘレン・パーカースト（1887-1973）のドリトン・プランやウォッシュバーン（1889-1968）のウィネトカ・プランもデューイの影響を受けたものである。

　子どもの生活や経験、自由、衝動、興味を何よりも重視し、幼児期からの教育の重要性、幼小中の一貫・連続性の指摘は、現在においても見過ごすことはできないものであ

る。デューイの教育思想は、決して子どもを放任しているわけではない。デューイは、教育における教師の支援と適切な導きの必要性についてもしっかりと示している。

現在の我が国における教育実践としての「生活科」や「総合的な学習の時間」、または教育方法としての「問題（課題）解決学習」などは、デューイの教育思想に影響を受けたものともいわれている。

9．モンテッソーリの幼児教育実践と「子どもの家」
(1) 時代背景と略歴

マリア・モンテッソーリ（1870-1952）は、イタリア初の女性の医学博士であり、「子どもの家」での実践、モンテッソーリ教具の考案など、イタリア新教育の主導者として知られている。

モンテッソーリは、イタリア中部アンコナ県キャラヴァレ市に軍人の父親と名門の家系の母親との間に生まれた。1888年、父親の反対を押し切りローマ大学医学部に入学、卒業後はローマ大学の助手を勤める傍ら、障害児教育に関わった。そこでの経験が、彼女を幼児教育の世界へいざなうことになる。

女性が医学の世界で活躍することが珍しかった時代に様々な批判や逆行を乗り越えながら活動を続け、幼児教育界で今日まで影響を与え続けているメソッドを残したその功績はあまりにも大きいといえるだろう。彼女の幼児教育方法は、後にモンテッソーリ・メソッドといわれ、世界中に広がっていく。日本においても大正期以降導入され、現

在に至るまで実践が積み重ねられている。モンテッソーリの幼稚園は、現在の我が国の幼児教育の一端を担っているといえよう。「教育は子どもの誕生時から始まっている」や「集中している子どもはとてつもなく幸せなのである」という言葉を残している。

(2) モンテッソーリ教具と幼児教育実践論

モンテッソーリ教具は様々な形のものがあり（200あまりの種類がある）、それだけで子どもの興味を刺激するものである。一人で遊んでもよいし集団で遊んでもよい。もともとモンテッソーリ教具は、精神薄弱児の指導を行う過程で、ジャン・イタール（1774-1838）やエドワード・セガン（1812-1880）の教具を参考に作られたものである。

1907年にローマのスラム街サンロレンツォに創設された「子どもの家」での実践の際に、この教具は健常児にも使用された。「子どもの家」での教育は、清潔（手や顔を洗うなど）・秩序（物を片付けるなど）・会話など日常生活を送るうえでの基本的生活習慣の形成が基本にあった。教具の使用について、「子どもの家」での教育実践を通して、健常児においても教育的意義があるとモンテッソーリは考えるようになった。その結果については『子どもの家に適応された科学的教育法』（1909年）にまとめられた（英語版は『モンテッソーリ・メソッド』というタイトルである）。本書は改訂を繰り返し、1948年に大幅に加筆・修正を加え『子どもの発見』（英語版）としてインドで出版された（1950年にはイタリア語版がミラノで出版される）。

さらに、モンテッソーリは、「「子どもの家」は、家庭の社会化への第一歩」であると示し、「裕福な婦人は、子どもを乳母や家庭教師の手にゆだねて、さまざまな用事や楽しみにでかけることができました。今日、これらの改善された家の婦人は、貴婦人と同じように、「私は息子を家庭教師と乳母に預けてきました」ということができます」と述べる（阿部真美子・白川蓉子訳『モンテッソーリ・メソッド』、明治図書、p.54）。

　モンテッソーリの教育方法の特徴的な点は、まず、子どもの活動を「仕事」と捉えている点であろう。「仕事」といっても大人のそれではなく、「作業」という意味合いの保育活動である。さらに、「敏感期」を逃さないという教育方法も特徴的である。「敏感期」とは、簡単に言えば、子どもが何でも比較的容易に吸収してしまう時期のことである。心理医学の用語でいえば「臨界期」の存在といえる。モンテッソーリは「敏感期とは、成長の過程にある生物つまり生物の幼年期に見られる特別な感受性にかかわります。その感受性は長くはつづかず、ある一定の特性を獲得するためにだけに限られます。ひとたびその特性が発達すれば、感受性はなくなります。そしてそのようにして、刺激の助け、つかのまの能力の助けによって、一つ一つの特性が定着します。したがって、成長とはあいまいなものではありません。生物が生まれつき持っている遺伝的な宿命でもありません」（中村勇訳『幼児の秘密』日本モンテッソーリ教育綜合研究所、p.51）と述べ敏感期に基づく教育の重要性を提示している。

子どもは、日々の活動の中で自身が興味を持ったことにとことん追求していくという「集中現象」を生じさせる。「敏感期」において、この「集中現象」を大切にすることが重要なのである。言語や運動、様々な認識など、「敏感期」のほとんどが幼児期に集中しているという。また、モンテッソーリは、子どもの興味・関心が刺激され、自立して活動できる環境構成の重要性を指摘する。つまり、「敏感期」はある意味で誰にでも起こりうる現象であるが、適切な環境が整っていないと子どもの適切な成長に結びにくくなるというのである。モンテッソーリは、「教育の第1の問題は、子どもが自然から割り当てられた機能を発達させることのできるような環境を子どもに提供する」（中村勇訳『子どもの精神―吸収する精神』日本モンテッソーリ教育綜合研究所、p.103）と指摘する。

　モンテッソーリ教育における保育者の存在は、子どもの支援者という側面が強い。保育実践を大人が無理に創り出すのではなく、子どもと共に遊びの世界に没頭するのである。子どもは大人からの過度な干渉を受けず、自由に主体性を発揮することが大切であるとモンテッソーリは考えている。これについて、モンテッソーリは、「みなさんが子どもにさしのべることのできる最大限の援助は、子ども特有の作業に子どもが固有の方法でとりくむための自由を提供することである。なぜなら、こういう問題については、みなさんよりも子どもの方がよく知っているからです」（江島正子、クラウス・ルーメル共訳『子ども―社会―世界』ドン・ボスコ社、p.11）と述べる。

モンテッソーリ・メソッドにおける保育内容として、「感覚訓練」、「日常生活の訓練」、「言語教育」、「数教育」、「文化教育」の五つをあげることができる。これらの内容をバランスよく実践していくことが大切であるとモンテッソーリは説く。

(3) 晩年の活動
　モンテッソーリは、1910年に医師免許を返還し、以降モンテッソーリ教育の普及に専念した。晩年は、世界平和と子どもの尊厳を訴える活動を展開していく。同じく平和活動を展開するマハトマ・ガンジー（1869-1948）との交流もあった。モンテッソーリの平和活動の展開は、ガンジーとの出会い後に活発化していく。1950年にはノーベル平和賞の候補にもあがったことあるが、1952年にオランダで亡くなった。墓標には「愛する全能の子たちよ、人類と世界平和のために、私と力を合わせましょう」と刻まれている。モンテッソーリの教育思想は、「平和を目指すための教育」という視点が含まれているのである。
　現在でもモンテッソーリの教育方法は注目され、世界の保育・教育の現場で実践が積み重ねられている。わが国においてもその教育方法・内容は保育現場や子育てにおいて取り入れられている。また、オルタナティヴ教育の一環としてみなされることもある。

10. エレン・ケイの教育思想と「児童の世紀」

(1) 時代背景と略歴

　エレン・ケイ（1849-1926）は、スウェーデンの女性評論家・女性解放論者・教育思想家である。地主の家に生まれ、正規の学校に通うよりも 3 人の家庭教師から教育を受けるという比較的裕福な家庭環境で育った。非常に読書好きだったという。国会議員となった父と共にストックホルムに移住し、父の秘書として活躍した。父の仕事に付き添い、イギリス、ドイツ、フランス、イタリアなどを飛び回った。当時のスウェーデンは、近代化の波が押し寄せ、農業国から短期間で工業化・都市化していった状況にあった。

　1880 年代に父の事業の失敗から家庭は離散し、ケイは 31 歳の時、女学校の教師として働くようになる。教育問題に関する執筆を始めたのもこのころである。1900 年に『児童の世紀』を出版し、世界中で翻訳された。一躍有名となったケイであるが、その後の活動は少なく、1926 年に独身のまま生涯を閉じる。「教育の最大なる秘訣は教育しないこと」や「次の世紀は児童の世紀となる」などの言葉は有名である。

(2) 教育思想

　ケイは『児童の世紀』（1900 年）の中で「子どもの本性を抑圧し、その他のものをもってこれを充足しようとするのは、常に教育上の罪悪である。しかも、「教育はひたすら子ども自身の個性を完成させるのみ」と、声高らかに公言している人たちが、この罪を犯しているのである」（小野寺

信・小野寺百合子訳『児童の世紀』冨山房、p.141）と、当時の教育や学校を批判的に捉える。

　さらにケイは、「幼稚園と幼児学校を小規模な家庭学校に替えること」を主張する。ペスタロッチ、フレーベルの実践を評価しながらも、「保育所や幼稚園や学校を理想的な教育機関として成長させたこと」については、子どもの自由性や主体性を喪失させ、子育ての本質から目をそらす危険性という面から批判的であった。ケイは、「現在または将来、ある種の幼稚園を必要とするならば、それは子どもが屋内でも屋外でも子猫や子犬のように、自分で遊び、自分で遊び方を見つける自由のある場所にすべきだ。大人は、子どもが遊びを見つけたときに、仲間と一緒にそれで遊べるだけの準備をしておけばよろしい。そして有能な婦人をじっと坐らせて子どもを見守らせる。子どもが怪我をしたり怪我をさせ合ったりするおそれのあるときは干渉する。たまには子どもに楽しい遊びを教え、手を貸し、物語を話して聞かせる。それ以外は、表面的には絶対に控えめにする」（同上『児童の世紀』、p.208）と述べる。また、ケイは、幸福とは我々がもっている力を伸ばすことであると述べる。つまり、子どもがもっている力を信じ、自己を成長させていこうとする力を大切にしようとする考えがケイの根幹にあるといえる。これについて、ケイは「学校の目的は、家庭や社会の目的と同様に、常に力と幸福を強めながら、生活力を低下するあらゆる影響力との闘いを続けながら、子どもの生命をより高尚なかたちに発展させることでなければならない」（同上『児童の世紀』、p.220）と述べる。また、ケ

イは、教育の基盤は家庭にあると説き、母親への教育の必要性を指摘する。さらには、体罰の禁止などを含めた子どもの権利に目を向けることを指摘する。

　子どもの個性や幸福を主眼におき、子どもの自由や主体性を中核とした保育実践の重要性を示し、さらには子どもの権利について指摘するケイの思想は、21世紀の現在においても生きて働く教育思想であるといえよう。

11. ラッセルの幼児教育思想
(1) 時代背景と略歴

　バートランド・ラッセル（1872-1970）は、イギリスの哲学者、論理学者、数学者、政治活動家、平和運動家である。様々な活動に従事した人物であるが、教育思想家としては著書『教育論―幼児教育について』や実験学校の創設という観点から語られる。

　ラッセルは、（イギリス）ウェールズのトレレックで生まれた。しかし、両親を早くに亡くし、3歳の時に兄と共に祖父母に引き取られる。祖父母の下、裕福な家庭で育った。正規の教育はほとんど受けず、家庭教師から学び、ケンブリッジ大学を卒業する。ケンブリッジ大学で教鞭をとる中で平和運動、婦人解放運動に熱中し、ケンブリッジ大学を解任され6か月間投獄される。

　1926年に『教育論』を発表し、1927年に何よりも子どもの自由と興味を重んじるビーコンヒルスクール（実験学校）を開校する。この学校は、マスコミの批判もあり、数年で閉鎖となったが、自由を中核とするその実践は、現在

においても参考となるものである。

(2) 幼児教育思想―幼児教育について―

　ラッセルの教育思想の根幹は、子どもの自由な活動と興味や好奇心が満たされる環境の構築であろう。そして、ラッセルは著書『教育論』の中で、現在の学校教育制度の不満を次のように示している。「世の中には、著者と同様、幼い子供をできるだけ立派に教育したいと切望しながらも、現在の大半の学校に見いだされる弊害には子供をさらしたくないと思っている親たちが大ぜいいるにちがいない」(安藤貞雄訳『ラッセル教育論』岩波書店、p.5) と。いわゆる、ラッセルは、学校が単なる知識の伝達と暗唱の場になっていると批判する。そして、ラッセルは「性格の教育」と「知識の教育」を区別し教育思想を形成していく。

　また、ラッセルは『教育論』の中で、理想的な性格の基礎を形成する特質を、「活力」、「勇気」、「感受性」、「知性」に大別している。加えて、知的生活の基本となるのは好奇心であるとラッセルは述べる。これについて、ラッセルは「正しい意味で好奇心と呼ばれているものは、真正の知識欲に根差すものである。この衝動は、知らない部屋へつれて来られると、早速、その隅々を一つ一つの家具を嗅ぎはじめる猫の中に、かなり純粋な形で働いているのがわかる。それは、また、いつも閉まっている引き出しや食器だながあいているとき、夢中になって調べ始める子供の中にも見だせる。動物、機械、雷雨、ありとあらゆる種類の手細工が子供の好奇心をかり立てるのだ。子どもの旺盛な知識欲

には、最も知的なおとなも顔色なしである」(同上『ラッセル教育論』、pp.75-76) と指摘する。そして、「活力、勇気、感受性、知性を、教育によって生み出せる最高限度に所有している男女から成る社会は、これまで存在していたどんな社会とも大いに異なることだろう。不幸な人は、ほとんどいなくなるだろう」(同上『ラッセル教育論』、p.83) と教育による社会改革まで論究されている。

　ラッセルのこういった教育理論の実践の場としてビーコンヒルスクールが設立された。ラッセルの娘テートによると「学校の子供たちは完全な質問の自由を持っていることになっていた。わたしたちの好奇心はあらゆる方法で助長されなければならず、わたしたちの質問はすべてできるかぎり正直に答えられた。この方法で、わたしたちは、学習への興味や真実を追求する習慣を身につけることになるものと期待された」(巻正平訳『最愛の人 わが父ラッセル』社会思想社、p.105) ようである。

　しかし、この実験学校も7年程度で幕を閉じることになる。失敗の第一は教職員に適任者を見つけられなかったこと、第二は問題を起こす子どもへの対応、第三は財政上の問題であった。特に第二の問題を起こす子どもへの対応については、規律は守られず、放火が再三あり、退校させられる子どもも出たという (高田熱美『ラッセル教育思想研究』創言社、pp.268-269)。乙訓は、ラッセルのビーコン・ヒルの学校での実験的な教育活動は、デューイやモンテッソーリの教育活動に並ぶ新教育の活動であったと言えると述べている (乙訓稔『西洋現代幼児教育思想史―デューイからコルチャッ

ク』東信堂、p.178)

　子どもの自由、興味、知的好奇心、知的探究が最大限認められ、それを子どもの学びの基礎と捉え実践を展開したことは、主体的・対話的で深い学び（アクティブ・ラーニング）を中核とする保育実践が求まれる現代においても参考になるものである。

(3) 晩年の活動

　晩年は、平和活動、核廃絶運動に参加し、親交のあったアルベルト・アインシュタイン（1879-1955）と「ラッセル＝アインシュタイン宣言」を発表するなどの活動を行った。これは、後のパグウォッシュ会議（カナダ）の開催につながる。パグウォッシュ会議とは、核兵器及び戦争の廃絶を訴える科学者による国際会議のことであり、1957年以降たびたび会議が開かれている。1961年には核兵器廃絶のための百人委員会を結成し、2度目の投獄を経験する。1970年、97歳で亡くなった。

～その他の西洋の教育思想家Ⅰ（近代編）～

○ジョン・ロック（1632-1704）

　17世紀のイギリスの哲学者、政治家思想家である。ピューリタン革命、名誉革命と続いた時代を生きた。イギリス経験論の父ともいわれる。教育に関しては白紙説を主張し、生得観念を否定した。子どもの性質を観察することの重要性を指摘し、子どもの教育の目標を「徳」「知恵」「躾」「学習」に定めた。『教育に関する考察』など教育に関する著書の他、『人間悟性論』『統治二論』などがある。社会契約や抵抗権は、のちのアメリカ独立宣言、フランス人権宣言に影響を与えている。

○イマニエル・カント（1724-1804）

　ドイツの哲学者である。ケーニヒスベルク大学で学び、母校の正教授に就任後には、『純粋理性批判』『実践理性批判』『判断力批判』など、いわゆる三大批判を著す。弟子のリンクがカントの行った教育学に関する講義を基に『教育学講義』として発刊している。そこに「人間は教育によってはじめて人間になる」と示されている。そして、カントは実践的教育と自然的教育について説き、人間固有の実践的教育のあり方を論じる。加えて、道徳性の形成を教育において最も重んじている。

○コンドルセ（1743-1794）

　フランス革命期の数学者、政治家、思想家である。教育の国家による統制（公教育）、万人への普通教育の実施、教育の平等性・中立性などを提唱し、近代公教育成立の基本原理を提示した。彼のいた時代は、フランス革命により絶対王政が揺らぎ、新しい時代が期待された時であった。1791年公教育委員会の議長となる。その後、急進派に追われ、逮捕、投獄され獄中で自殺した。

〜その他の西洋の教育思想家Ⅱ（新教育編）〜

○ ヘルマン・リーツ（1868-1919）

　田園教育舎の創始者として知られている。田園教育舎とは、19〜20世紀転換期にドイツやイギリスで発展した新教育運動の一つとしての寄宿制の学校施設である。リーツは、ドイツのリューゲン島で生まれ、ハレ大学、イエナ大学等で学んだ。その後、リーツは、エリート志向的な学校教育を批判し、1898年にイルゼンブルク校、1901年にハウビンダ校、1904年にビーバーシュタイン城校を設立し、1914年に田園孤児院フェッケンシュテット校を開いた。イギリスの田園教育舎の創設者セシル・レディとも親交があった。

○ A・S・ニイル（1883-1973）

　イギリスで新教育運動を展開し、子どもの「自由」を何よりも重視するサマーヒルスクールを開校した教育思想家・実践家である。サマーヒルスクールでは、子どもが授業に出ることを一切強要しないという原則で、子どもと話し合いながら教育活動が展開された。独特な教育スタイルは世界から注目され、日本にも大きな影響を与えている。現在の日本における「きのくに子どもの村学園」の実践は、ニイルとデューイの思想に影響を受けている。

○ ルドルフ・シュタイナー（1861-1925）

　オーストラリアやドイツで活動した哲学者・教育学者である。第一次世界大戦が起こり荒廃から復興を見出していく時代である。人智学を確立し、独特の教育方法を提唱した。エポック学習やオイリュトミー、水彩画、七年周期説などは特徴的である。「芸術としての教育」という側面を持ち、日本においてもシュタイナースクールは展開されている。

── 第1部の引用・参考文献 ──

- 教育思想史学会編『教育思想辞典 増補改訂版』勁草書房、2017年。
- 橋本美保 編集代表『改訂版 教職用語辞典』一藝社、2019年。
- 長尾十三二編『新教育運動の歴史的考察』明治図書、1988年。
- 長尾十三二『[第二版] 西洋教育史』東京大学出版会、1991年。
- 乙訓稔『[第二版] 西洋近代幼児教育思想史―コメニウスからフレーベル』東信堂、2010年
- 乙訓稔『西洋現代幼児教育思想史―デューイからコルチャック』東信堂、2009年。
- 山﨑英則、徳本達夫編著『西洋の教育の歴史と思想』ミネルヴァ書房、2001年。
- 古橋和夫編『子どもの教育の原理―保育の明日をひらくために』萌文書林、2018年。
- 岡本富郎『保育の思想を学ぼう―今、子どもの幸せのために～ルソー、ペスタロッチー、オーエン、フレーベルたちの跡を継いで～』萌文書林、2014年。
- 江藤恭二監修／篠田弘、鈴木正幸、加藤詔士、吉川卓治編『新版 子どもの教育の歴史―その生活と社会背景をみつめて』名古屋大学出版会、2008年。
- 長尾十三二・福田弘『新装版 人と思想 ペスタロッチ』清水書院、2014年。
- 小笠原道雄『新装版 人と思想 フレーベル』清水書院、2014年。
- 中里良二『新装版 人と思想 ルソー』清水書院、2015年。
- 山田英世『新装版 人と思想 デューイ』清水書院、2016年。
- 田浦武雄『デューイとその時代』玉川大学出版、1984年。
- 大沢裕編著『教育の知恵60―教師・保育者を励まし勇気づける名言集』一藝社、2018年。
- プラトン著／藤沢令夫訳『国家』（上）（下）岩波書店、1979年。
- プラトン著／藤沢令夫訳『メノン』岩波書店、1994年。
- アリストテレス著／高田三郎訳『ニコマコス倫理学』（上）（下）

岩波書店、(上) 1971 年、(下) 1973 年。
- コメニュウス著／鈴木秀勇訳『大教授学』(1)(2) 明治図書、1962 年。
- コメニウス著／井ノ口淳三訳『世界図絵』平凡社、1995 年。
- ルソー著／今野一雄訳『エミール』(上)(中)(下) 岩波書店、(上) 1962 年、(中) 1963 年、(下) 1964 年。
- ペスタロッチ著／長田新訳『隠者の夕暮・シュタンツだより』岩波書店、1993 年。
- ヘルバルト著／三枝孝弘訳『一般教育学』明治図書、1960 年。
- オウエン著／楊井克巳訳『新社会観』岩波書店、1954 年。
- オウエン著／五島茂訳『オウエン自叙伝』岩波書店、1961 年。
- フレーベル著／荒井武訳『人間の教育』(上)(下) 岩波書店、1964 年。
- デューイ著／市村尚久訳『学校と社会・子どもとカリキュラム』講談社、1988 年。
- デューイ著／松野安男訳『民主主義と教育』(上)(下) 岩波書店、1975 年。
- デューイ著／杉浦宏訳『教育における興味と努力』明治図書、1972 年。
- デューイ著／市村尚久訳『経験と教育』講談社、2004 年。
- キルパトリック著／市村尚久訳『プロジェクト法』明玄書房、1967 年。
- モンテッソーリ著／阿部真美子・白川蓉子訳『モンテッソーリ・メソッド』明治図書、1974 年。
- モンテッソーリ著／中村勇訳『幼児の秘密』才能開発教育研究財団 日本モンテッソーリ教育綜合研究所、2004 年。
- モンテッソーリ著／中村勇訳『子どもの精神―吸収する精神―』、才能開発教育研究財団 日本モンテッソーリ教育綜合研究所、2004 年。
- モンテッソーリ著／クラウス・ルーメル、江島正子共訳『子ども―社会―世界』ドン・ボスコ社、1996 年。

・エレン・ケイ著／小野寺信・小野寺百合子訳『児童の世紀』冨山房、1979年。
・ラッセル著／安藤貞雄訳『ラッセル教育論』岩波書店、1990年。
・キャサリン・テート著／巻正平訳『最愛の人 わが父ラッセル』社会思想社、1976年。
・高田熱美『ラッセル教育思想研究』創言社、1983年。
・濱中啓二郎「幼児教育におけるデューイ興味論の展開に関する研究―デューイ実験学校の実践を中心に―」『関東教育学会紀要』第41号、2014年。

第2部

日本の
保育・幼児教育思想

第3章

保育・幼児教育思想の成立

12. 保育・幼児教育思想の胚芽
(1) 近世以前の教育

　教育の必要性を考える観点として、「文化の伝承」という点がある。特に、農耕生活が発展した弥生時代以降は、農耕技術の伝承のために効果的な教育（指導）が必要であったといえる。日本に文字が伝来し、それが普及することで文字文化が形成され、同時に文字による伝承（教育）が可能となる。文字の使用は中国との外交において極めて大きな意味を持っていたといえる。しかし、日本にいつ文字が伝わったのかは明確ではない。

　仏教が伝来すると僧侶の育成という面で教育が必要となり、仏教思想の伝授という意味で「教え伝える＝教育」が隆盛する（仏教の伝来については、538年と553年の2つの説がある）。そう考えると、一般の庶民＝農民にとって、読・書・算を含めた教育とは程遠いいものであったといってよいだろう。

　「大宝律令」制定（701年）は、「大化の改新」の一定の成果を示したことになる日本史上重要なターニングポイントといえる。「大宝律令」では、「学令」22か条が定められ、中央に大学寮の設置（式部省の管轄）、地方に国学、大宰府に府学の設置がなされることについて示されている。ここに「官僚の育成」という面ではあるが、日本の最初期の教育機関を見ることができる。大学寮では、明経道、紀伝道、明法道、算道の他に音道、書道などが学ばれた。その他に陰陽寮（中務省に属し天文・暦・時報などを研究する）、典薬寮（宮内省に属し医薬を研究する）などもあった。有力

な貴族は大学寮に附属するかたちで大学別曹を創設（和気氏の弘文院、藤原氏の勧学院、橘氏の学館院などが有力なものであった）し、その子弟を寄宿させ学びに専念させた。

空海（774-835）が設置した綜芸種智院は、僧侶だけではなく一般庶民にも門戸が開かれていたといわれている。空海（真言宗）と最澄（766-822）（天台宗）は唐にわたり（遣唐使）、帰国後は最新の仏教理論を日本に広め、僧侶育成のための教育システムを構築していく。

平安時代は、学問の隆盛がみられる。石上宅嗣（729-781）は、平城京に「芸亭」を創設した。これは、日本最初の私設図書館であったといわれている。菅原道真（845-903）も自邸「紅梅殿」で文庫を設立し公開している。平安時代、特に下級貴族においては、学問を修めることが官職の獲得、出世につながるという側面があった。また、入れる漢字・漢文などの文字の習得は、貴族における女性の教養の一つでもあった。紫式部の「源氏物語」や清少納言の「枕草子」などの文学、当時書かれた日記からもその様相が理解できよう。

中世になると貴族、僧侶、武士のみならず農民の識字率も向上する。武士の世界では、金沢文庫（北条実時（1224-1276）の時代に設立されたといわれている）や足利学校（創設者不明、上杉憲実（1410-1466）によって復興され「坂東の大学」ともいわれる）などが設立された。このころの武士は、合戦・戦闘だけではなく、国の統治という観点から政治家としての機能も併せ持つ必要があった。農村においても年貢の納入、法令の布達やその理解など、村役人層か

ら一般農民まで、読み・書き・計算が必要になってきた。鎌倉時代後期の「阿氐河荘百姓申状」は農民が地頭の横暴を領主に訴える書状であるが、農民がカナと漢字を用いて、たどたどしいが文書を形成している点が注目に値する。室町時代になると、一揆の結束に関する文書や契約、惣村の村掟の作成において、やはり読み・書きは重要であり、農民であっても文章の理解と執筆のスキルは必要であった。

　戦国時代になると、キリスト教が伝来する（イエズス会宣教師フランシスコ・ザビエル（1506-1552）の伝来が最初）。それ以降、織田信長（1534-1582）の協力を得たイエズス会は、セミナリオやコレジオなどの宣教師養成の学校を安土や長崎などに設立する。キリスト教を保護した織田信長が本能寺で自刃するという本能寺の変（1582）後、これらの学校は衰退し、江戸時代以降キリスト教の弾圧と共に姿を消していった。徳川家康（1543-1616）以降、徳川政権下のキリスト教の弾圧は厳しく（「踏絵」などからもわかるように）、キリスト教関連施設は急激に衰退するのである。

(2) 近世の教育

　江戸時代は、いわゆる「士・農・工・商」という身分社会であった。そのような身分社会を維持していく理論（学問）として朱子学が隆盛した。朱子学が示す「大義名分論」や「君臣父子の別」の思想は、民衆統治において非常に都合のよいものであった。いわゆる朱子学は、日本における封建制度を守る学問として隆盛したという側面がある。江

戸時代は、幕府において重用された林羅山（1583-1657）の他、木下順庵（1621-1699）、新井白石（1657-1725）、室鳩巣（1658-1734）、山崎闇斎（1619-1682）などの朱子学及び学問に関する碩学が多数生まれた。

　武士の教育機関としては、江戸幕府直轄の昌平坂学問所や各藩に置かれた藩校などがあった。3代将軍徳川家光（1604-1651）が林羅山に命じて上野忍岡に創設した家塾（弘文館）は、5代将軍徳川綱吉（1646-1709）により湯島に移され「湯島聖堂」として幕府の教学の中心地となった。

　藩校は、各藩が設置した学校であり、優秀な藩士を育てる武士のための学校としての側面をもつ。会津藩の日新館、水戸藩の弘道館、萩藩の明倫館、薩摩藩の造士館、岡山藩の花畑教場などが有名である。藩が設置し庶民の入学を認めた郷学（郷校）といわれるものもあった。岡山藩主の池田光政（1609-1682）が設置した郷学の閑谷学校は、日本最古の庶民のための学校ともいわれる。

　庶民の教育機関としては、寺子屋が普及していった。これには、貨幣経済が農村まで浸透し、商品の売り買いや管理において読み書きや計算などの能力が必要になったこと、支配者からの必要な情報は触書等により文字で庶民に伝達されることが多くなってきたことなどによる教育需要の増大という背景があった。寺子屋で使用された教科書は往来物（往復一対の手紙を集めたかたちで編集されたもので、最古のものは平安時代に藤原明衡（989-1066）が示した「明衡往来」といわれている）や教訓書であった。往来物でよく使われたものは「庭訓往来」（玄恵（1269-1350）の作

といわれているが定かではない）であった。女子の就学率も高く茶道や華道を教える寺子屋もあったようである。家庭の教訓を収めた女児向けの「女庭訓往来」などもあった。寺子屋は江戸時代中期から急速に発達し、その結果、当時の日本は世界的に見ても識字率が高い国であった。

また、江戸時代の教育機関として私塾も隆盛した。緒方洪庵（1810-1862）の適塾（大阪）、シーボルト（1796-1866）の鳴滝塾（長崎）、吉田松陰（1830-1859）の松下村塾（山口）などが有名である。教師による教授、若者同士の議論など、様々なかたちで教育が展開されたのが私塾の特徴である。こういった私塾の発展は、倒幕思想の形成にもつながっている。

日本は明治以降に近代教育制度が一気に整うことになるが、それを可能にしたのは、寺子屋・私塾による一般庶民への教育という下地があったからこそであるといえるだろう。

江戸時代に教育論、とりわけ幼児教育に着目した者に福岡藩（黒田藩）の祐筆であった貝原益軒（1630-1714）という人物がいる。益軒の祖父は黒田孝高（1546-1604）、長政（1568-1623）のもとで武功をあげ、その後の藩政において活躍した人物であったようである。益軒の父も同藩の祐筆として活躍した。益軒も19歳の時に藩主の身の回りの世話をする仕事につき、一時は失職し7年間浪人生活をしたが、その後同藩に復帰し、71歳まで藩士として活躍した。益軒の教育論に関する功績として注目に値するのが、71歳の隠居後に執筆した『和俗童子訓』という書籍の存在であ

る。この書籍で、益軒は、子どもへの教育方法や子育てについて説いた。益軒は、「教育は早期から始めよ」と述べ、「予め（あらかじめ）すること」の大切さを提示した。これについて、益軒は次のように述べる。「およそ人は、よき事もあしき事も、いざしらざるいとけ（幼）なき時より、ならひ（習）なれ（馴）ぬれば、まづ入し事、内にあるじ（主）として、すでに其性となりては、後に又、よき事、あしき事を見ききしても、うつり（移）かたければ、いとけなき時より、早くよき人にちかづけ、よき道を、をしゆべき事にこそあれ」（石川謙校訂『養生訓・和俗童子訓』岩波書店、p.206）と。つまり、悪が習慣化する前に予め（あらかじめ）良い習慣を教えることが重要であり、悪になってから良いことを教えても成果はほとんどないので、幼き時より良き人と関わり、良き道を教えていくことの重要性を説いたのである。また、益軒は、この書で「隋年教法（子どもの年齢に即して教える教育方法論）」を示している。例えば「6歳から始める文字教育」が推奨され、その後、7歳の教育、8歳の教育、10歳の教育、15歳の教育、20歳の教育について順を追って説明していく。さらに、女子教育のあり方にも言及している。

また、益軒は、『養生訓』を著し、養生（健康）の重要性についても指摘している。

13. 近代教育制度の成立と幼稚園の誕生
(1) 近代学校制度と幼児教育

日本の近代教育制度の始まりは、1872年（明治5年）8

月公布の「学制」からである(「学事奨励ニ関スル被仰出書(学制序文)」も公布)。これは、フランスの教育制度をモデルとしたものである。公布に至る背景には、福沢諭吉(1835-1901)の『学問おすすめ』の影響もあるといわれている。国民皆学、小学校の設置、学区制の採用など、当時の日本において、最新で画期的な教育システムであったといえよう。ここには、「幼稚小学ハ男女ノ子弟六歳迄ノモノ小学ニ入ル端緒ヲ教ルナリ」と示され、幼児教育の創設を示したが、実施にはいたらなかった。遡ること1871年7月には、文部省が設置され、1872年5月には文部省直轄の師範学校が設置され(後の東京師範学校)、日本初の教員養成の学校も整備された。その師範学校では、アメリカ人のスコット(1843-1922)が指導に当たり、アメリカ式の一斉教授が展開された。日本に小学校が急速に設立され初等教育が展開されると、学校打ちこわしの運動も一部では勃発した。学校の授業料は無料ではなく、家庭が負担したため、農村で働く者からすれば、小学校に授業料を払って通わせるよりも、仕事を手伝う方が重要であると考える人も多かったようである。

そのような中で、1876年に東京女子師範学校附属幼稚園が創設される。日本で最初の幼稚園である。フレーベルの幼児教育方法が取り入れられ、関信三(1843-1880)を監事(園長)に、松野クララ(1853-1941)を主席保母として幼稚園教育がスタートした。水戸藩出身の豊田芙雄(1845-1941)や松前藩出身の近藤濱(1839-?)などが保育者として活躍した。豊田は、後に「保育の栞」という保育の指針

を示したものを作成している。教育課程として、「物品科」「美麗科」「知識科」などが設けられ、保育実践が展開された。後に倉橋惣三も主事として勤務する。ただ、フレーベルの教育方法を実践するという形式的な保育に陥りがちであった。裕福な家庭の子どものみで始まった本幼稚園であるが、幼児教育の端緒を開いたという意味では非常に大きな功績であったといえる。

1879（明治12）年には、「学制」を廃して「教育令」が制定された。文部大輔の田中不二麻呂（1845-1909）や文部省に招かれていたアメリカ人のダビット・モルレー（1830-1905）によって考案されたものである。「学制」の理念は保持しながらも、学区制を廃止し、学校の管理を大幅に地方に任せることになった。また、就学の緩和も行われた。これはアメリカの自由主義的・地方分権的な思想を基本としているため自由教育令ともいわれる。しかし、様々な批判が出たため、文部卿に就任した河野敏鎌（1844-1895）は、田中が考案したアメリカ自由主義を根底とする（自由）教育令を改正に着手した。1880年（明治13）に改正教育令が発布された。これは、干渉教育令ともいわれる。わずか1年での改正であった。1880年の教育令改正では、「修身」が筆頭科目となっている。

1885年に内閣制度が始まり（内閣総理大臣をはじめ宮内省、外務省、内務省、大蔵省、陸軍省、海軍省、司法省、文部省、農商務省、通信省の設置）、初代内閣総理大臣に伊藤博文（1841-1909）（長州藩）が就任した。文部大臣に森有礼（1847-1889）（薩摩藩）が就任した。森有礼は1886年

に「学校令」(帝国大学令、師範学校令、中学校令、小学校令の総称)の制定を行う。国家主義的思想の下で兵式体操や運動会、遠足が重視された。小学校令では、小学校を尋常化4年と高等科4年に分け、さらに「児童六年ヨリ十四年二至ル八箇年ヲ以テ学齢トシ父母後見人等ハ其学齢児童ヲシテ普通教育ヲ得セシムルノ義務アルモノトス」と規定され、義務教育に関する規定が明確に盛り込まれた。

1889年に大日本帝国憲法の制定、1890年に教育勅語(教育二関スル勅語)の発布などがあった。教育勅語は本文315字という短いものであったが、天皇(明治天皇)の言葉として、教育の基本方針・国民道徳のあり方を示すものであった。忠君愛国、儒教的道徳を基本としている。起草者は、枢密院顧問官の元田永孚(1818-1891)と法制局長官の井上毅(1844-1895)であった。それに関わり、以後、学校において特に重視されていたのが「修身」である。修身は、道徳的な徳目を教える科目ではあるが、現在の道徳とは大きく異なるものである。

幼児教育に目を移すと、1899年に「幼稚園保育及設備規程」が公布される。ここでは、園児数は100名以内、保育時間は5時間以内、保母一人当たり子ども40人以内などの規定が盛り込まれた。保育内容に関しても「遊戯・唱歌・談話・手技」の4項目が示された。幼稚園における様々な規定や保育内容が単独で定められたのは、「幼稚園保育及設備規程」が初めてである。

それに遡る1890年には、赤沢鍾美・仲子夫妻が新潟静修学校に付属するかたちで託児所を創設した。これが日本初

の保育所といわれている(後の赤沢保育園である)。新潟静修学校は、小学校に通うことのできない貧しい家の子どもたちの指導に当たるいわば私塾であるが、子どもたちが幼い弟や妹の子守りから解放されて勉学に専念できるように託児所をもうけたことが保育所の始まりなのである。

1926年には幼稚園令が公布される。教育目的として「幼稚園ハ幼児ヲ保育シテ其ノ心身ヲ健全ニ発達セシメ善良ナル性情ヲ涵養シ家庭教育ヲ補フヲ以テ目的トス」を示され、「家庭教育を補う保育」という面が出された。保育内容も「遊戯・唱歌・観察・談話・手技等」と5項目が定められた。また「等」という言葉を付けることで、保育内容の広がりを許容している。園児数は120人以内、保母一人当たり子ども数40人以内などの定めがあったが、一日の保育時間に関する規定は定められなかった。明治期には、ペスタロッチやヘルバルトなどの西洋の教育思想家たちの理論が積極的に日本に紹介されるようになる。大正期には、デューイやモンテッソーリなどの新教育が日本に導入され、注目されるようになる(大正自由教育運動)。この明治—大正期は、西洋の教育思想家の理論を基盤に、日本独自の教育実践が展開された時期である。エレン・ケイの『児童の世紀』やデューイの『学校と社会』などは、当時の日本でも多く読まれた。そういった流れの中で、1921年8月1日〜8日までにわたり八大教育主張(樋口長市「自学教育論」、河野清丸「自動教育論」、手塚岸衛「自由教育論」、千葉命吉「一切衝動皆満足論」、稲毛金七「創造教育論」、及川平治「動的教育論」、小原国芳「全人教育論」、片上伸「文芸教育

論」)が展開された。「自動」「自由」「衝動」「動的」「全人教育」などのキーワードがまさに大正自由教育のあり方をあらわしているといえる。

(2) 戦後の教育改革と幼児教育

　第2次世界大戦が勃発し、1941年の真珠湾攻撃から太平洋戦争がはじまり、その激化の中、わが国においては国民学校令（1941年）が発布され、全国に国民学校が登場した。「国民ノ基礎的錬成」が目的として掲げられ、就学義務の年限も6年から初等科6年・高等科2年の8年に延長された（ただし明確に実施されずに戦争が終わる）。いわゆる、戦時体制に即応した教育の展開が目的であった。1945年8月に広島・長崎に原爆が投下され、同月にポツダム宣言を受諾し終戦を迎える。戦後、マッカーサー（1880-1964）をリーダーとするGHQが日本の改革に着手する。つまり、戦後日本の教育システムの構築は、アメリカが主導していくことになる。

　1946年には教育刷新委員会（委員長：安部能成（1883-1966））が設置された。幼児教育の分野では倉橋惣三や城戸幡太郎などが委員として活躍した。1947年に教育基本法、学校教育法、児童福祉法などが制定され、新しい日本の保育・幼児教育・学校教育システムが構想された。同年「学習指導要領—試案—」が文部省より出される。修身が廃止され、社会科が新設される。戦後初期の日本の教育は、デューイらアメリカ経験主義の思想を基盤とするかたちではじまった。1948年には、アメリカのヘレン・ヘファナン

(1896-1987) の指導の下、文部省より「保育要領―幼児教育の手びき―」が刊行された。これは法的拘束力を持つものではなく、保育・幼児教育・子育て・家庭教育における参考書として提示されたものであるが、子どもの発達を示し、保育・子育ての内容・方法を明確に示したという点は非常に意義のあるものであったといえる。保育内容については、「楽しい幼児の経験」として「見学、リズム、休息、自由遊び、音楽、お話、絵画、製作、自然観察、ごっこ遊び・劇遊び・人形芝居、健康保育、年中行事」の 12 項目が示された。子どもの生活、経験、興味を基本とする保育実践が提唱された。

1956 年には、「保育要領―幼児教育の手びき―」を大幅に改訂するかたちで、文部省より「幼稚園教育要領」が示された。これまでの「楽しい幼児の経験」という文言に代わり、「望ましい経験」という言葉が使われ、「領域」が示された。健康、社会、自然、言語、音楽リズム、絵画製作の 6 領域である。改訂の要点として、「幼稚園の保育内容について、小学校との一貫性を持たせるようにした」「幼稚園教育の目標を具体化し、指導計画の作成の上に役立つようにした」「幼稚園教育における指導上の留意点を明らかに示した」という点が明示された。従前の広域的な 12 項目から、精選されたかたちで 6 つの「領域」が示された点は非常に意味のあることであろう。しかし、「小学校へつなげる」という面が強調されて一部では混乱もあったという。この 6 領域に基づく保育は、その後 30 年間以上続くことになる（1989 年に「幼稚園教育要領」が改訂され 5 領域

が示されるまで)。

　1963年に文部省・厚生省「幼稚園と保育所の関係について」が公布され、保育所のもつ機能のうち、教育に関するものは「幼稚園教育要領」に準ずることとされた。1964年の「幼稚園教育要領」改訂では、告示化されたことにより、法的拘束力を持つようになった。1965年には通達というかたちで法的拘束力を持たないが、「保育所保育指針」が示された。ここに幼稚園は「幼稚園教育要領」、保育所は「保育所保育指針」として、その明確な基準が出揃ったかたちになる。

14. 保育所・保育思想の源流

　保育所の成立は、上述で示したように、赤沢鍾美・仲子夫妻が設立した「新潟静修学校」に付属された託児所であったといわれている。「学制」により小学校は多く設立されたが、授業料がかかるため、貧困層は学校に通えなかった。そういった中で、学校に通えない子どもたちに勉学を教えたのが、私塾「新潟静修学校」である。子どもたちが子守から解放され、勉学に専念できるように弟妹を預かり世話をした。

　保育所の設立及び保育実践の先駆的な取り組みとして、1900年に東京麹町に創設された二葉幼稚園(1916年に二葉保育所と改称)がある。本保育所は、華族女学校(現在の学習院)の附属幼稚園に勤務していた野口幽香(1866-1950)、森島美根らによって、貧しい子どもたちにもしっかりとした幼児教育を展開したいという両名の思いで、借家で6人

の子どもを集めてスタートした。野口は、東京女子師範学校を卒業しその附属幼稚園で勤務していた経歴を持つ。野口の同僚であった森島は、アメリカのカリフォルニア州に留学し幼児教育を学んだ人物である。野口、森島は、キリスト教精神に基づきながら、フレーベルの教育方法も取り入れ、保育実践を展開していく。1906年に東京四谷鮫河橋に移転した。二葉の大黒柱といわれた徳永恕（1887-1973）らの尽力もあり、1916年に二葉保育所は新宿に分園を設立する。徳永は新宿分園の主任保母として活躍した。

また野口らは不就学児童のための小学部や、日本ではじめての母子寮「母の家」を創設した。1935年、野口は徳永に園の一切を任せて引退した。

第4章

現代における
幼児教育思想の源流

15. 和田實の幼児教育思想と感化誘導論

(1) 時代背景と略歴

　和田實（1876-1954）は、東京牛込に生まれる。神奈川県尋常師範学校を卒業し小学校で勤務する。和田が生きた時代は、幼稚園保育及設備規程の制定（1899年）、幼稚園令の公布（1926年）など、幼児教育分野が法整備され、国家レベルで動きだしていく時代であった。

　和田は、1907年に東京女子高等師範学校助教授になる。1915年に目白幼稚園を開園し園長となる。1930年に目白幼稚園保姆養成所を開講し、第二目白幼稚園を設立する。つまり、保育実践と保育者養成を組み合わせるかたちで自身の教育論を展開していく。

　幼児教育、保育者養成に尽力し、『幼児教育法』（中村五六と合著）や『保育学』などの著作を残している。保育における誘導の重要性や遊びの意義を明確化し、現在につながる幼児教育の基本を作り上げた。「遊嬉は遊びであって学習的事項ではない」「遊ぶことに手を付けるな、しかし、目を離すな」「計画は必要であるが、固定的であってはならない」などの言葉を残している。「幼児教育」という言葉を創造した人物としてもいわれる。日本の幼児教育の発展のために海外の教育思想を参考にしながら、実践的に保育を研究した功績は非常に大きいものである。

(2) 感化誘導論

　和田は、「一般教育の根本原則とはどのようなものか。一言で言えば、「自然主義」である。言い換えれば、教育を受

ける者の発達能力に応じて、それに適合した教育を施そうとするのが現代の教育事業の理想である」（和田實『幼児教育法』学校法人和田実学園、p.18）と述べ、コメニウス、ルソーから続く自然主義教育思想を根幹に据えている。

 和田は、教育方法論について、子どもを適切に導くという「誘導」の概念を打ち出している。つまり、「幼児が常に事物に熱心でいるようにしようとするなら、最も興味あるものは最も熱心と努力を費やす必要があることを常に経験させ、これを以って幼児を誘導して行かねばならない。斯くして、幼児に最も興味ある事項とはすなわち遊戯の他には何もないのである」（同上『幼児教育法』、p.24）と述べる。そして、「幼児の現在の興味を基礎として、嬉々として遊び楽しんでいる間に、幼児を感化誘導するということが自然主義を以って根本原則としている」（同上『幼児教育法』、p.30）という。つまり、「幼児は心身のどれも幼弱で、その意識は全然白紙である。従って、漸次蓄積される諸種の直感印象は全て先入が主であり、諸種の誘導手段は遺憾なく実行することができる。すなわち、幼児は最もよくこれを知らずに無意識の中に感化誘導することができる」（和田實『保育学』学校法人和田実学園、p.27）というのである。

 その誘導の手段として、「興味の追求性を利用すること」「暗示模倣性を利用すること」「感情の伝染性を利用すること」「習慣性を利用すること」「対抗争性を利用すること」「養育的気分」の6種類をあげている。以上の6つは、幼児を知らず知らずのうちに誘導する最良の手段であり、この手段を利用すべき機会は一日中遊戯の間に、衣食の間に

いくらでも見出すことが出来ると和田は述べる（同上『保育学』、pp.28-35）。

(3) 興味論—ヘルバルトの影響—

　和田は、感化誘導において子どもの「興味」を刺激し、うまい具合に導いていくことが大切であるという。それについて、和田は、著書の中で、「誘導的方法は、単に幼児教育のみではなく、少年教育においても、青年教育にいても、必要な方法である。なぜなら、すべての教授には、これに先行する興味があってこそ教授は効果的に行われるものであることは、何も、幼児教育に限ったことではない。だから、興味は感情的基礎を多く持つもので、これを知識的に与えるよりは、感情的に与えるものをもって得策とするものである」（同上『保育学』、p.22）とその興味論を述べる。

　さらに和田は、幼児教育課程の選択及び配列において気を付ける点として「教育目的の統一」、「十分興味あるものを採る」、「他方の興味の培養」、「郷土的であること」をあげている（同上『保育学』、pp.41-45）。

　そして、「幼児の活動は主に衝動と興味とに基づくもので、時に多大の努力を払う場合があっても、それは興味に基づいて興味に駆られての努力であって、決して、真の自覚的努力ではない。従って、幼児教育では幼児を厳格な意味で鍛錬することはできない。できるものはただ感化誘導だけである。すなわち習慣の養成、筋肉の練習、はたまた徳性の養成という、皆、幼児の知らず知らずの間にこれを感化して誘導しようとするもので、決してこれを自覚させ

会得させて、そして後に行おうとするものではないのである」(同上『保育学』、p.55) と和田は述べる。

これらの「興味」の思想は、ヘルバルトの影響を強く受けたものである。和田は、「ヘルバルトは多方の興味を教授の形式的目的とした」として、「私はこれをわが幼児教育に移して、多方の興味を誘導することで幼児教育有終の目的とするものである。実に興味は幼児教育上、遊嬉選択の標準となって、遊嬉指導の指針となって、遊嬉的教導の理想となるものである。幼児教育と興味との関係は大変重大肝要である」と述べる (同上『保育学』、p.122)。

以上の、子どもの興味を知らず知らずのうちに導くという感化誘導論は、後の保育思想にもつながっていく。また、保育案作成、保育者としての姿勢、遊戯 (遊び) のあり方など、様々な観点から保育を理論的に捉えた点は見過ごすことのできない功績であろう。

16. 倉橋惣三の幼児教育思想と誘導保育論
(1) 時代背景と略歴

倉橋惣三 (1882-1955) は、静岡県で武士の家系に生まれる。10歳の時、母と二人で東京に出て浅草尋常小学校に転校する。第一高等学校に入学し、そのころから『児童研究』を購読し、東京女子師範学校附属幼稚園に通って子どもたちと遊んでいたようである。東京帝国大学 (現在の東京大学) 時代は、元良勇次郎 (1858-1912) 教授の下で学ぶ。1911年 (倉橋29歳の時)、和田實と『婦人と子ども』の編集にあたり、自らも誌上で幼児教育論を繰り広げてい

く。その後は東京女子高等師範学校教授、同附属幼稚園主事として活躍した。フレーベルの教育思想に学びながらもこれを批判し、デューイら新教育の影響も受けながら、自身の保育思想を構築していく。倉橋は、和田實の感化誘導論・興味論を発展させるかたちで、誘導保育論を確立していく。戦後は教育刷新委員会のメンバーとして保育・幼児教育理論の構築に尽力し、日本保育学会初代会長として日本の保育研究を牽引した。以上のような様々な功績から、倉橋は「日本の幼児教育の父」ともいわれている。

また、生涯で執筆した様々な書籍は、現在の保育を見つめ直す参考となるものばかりである。戦後の教育改革や幼児教育の構築に尽力した人物として現在でも決して色あせない。倉橋の墓所には「自ら育つものを育てようとする　心それが育ての心である　世の中にこんな楽しい心があろうか」と刻まれている。

(2) 幼児教育思想

倉橋の幼児教育思想を端的に表した言葉として、著書『幼稚園真諦』の中で述べられた「生活を生活で生活へ」(倉橋惣三『幼稚園真諦』フレーベル館、p.23) というものがある。教え込む幼児教育ではなく、あくまでも子どもの生活経験に即した保育が重要であるということである。そして、「幼稚園とは幼児の生活が、その自己充実力を十分発揮し得る設備と、それに必要な自己の生活活動の出来る場所である」(同上『幼稚園真諦』、p.32) と述べる。

また、倉橋は、子どもの生活と興味との関わりで、次の

ように述べる。「子供が断片的に生活していくことは、それぞれとしてはよろしいが、その断片性に、あるいは中心を与え、あるいは系統をつけさせてやることが出来ましたら、興味が一段と広く大きくなってくるだろうと考えられます」「自分の興味にある系統がついているときに初めて、生活興味（事物個々の興味ではなく）が起こってくるという大きな問題になるのであります。その意味からして、幼児の生活を、生活としてだんだん発展させていくことになります。すなわち、ここに誘導の問題が起こってくるのであります」（同上『幼稚園真諦』、pp.44-46）と。

そして、幼児教育方法の基本原理として「幼児のさながらの生活―自由設備―自己充実―充実指導―誘導―教導」という流れを提示している。もちろん倉橋は、このプロセス通りに展開すればよいという定型を示したわけではない。幼児教育を実践的に考察する時の一応の流れと「誘導」という視点を明確に提示しておくことが重要であると考えたのである。特徴的なのは、「誘導」の後に来る「教導」である。倉橋は「誘導の後に、始めて教導ということが出てきます。学校教育の中ではここからが主な仕事になっておりますが、幼稚園では教導は今までにたどってきました、自己充実、充実指導、誘導の後に持ち出されるものと考えたいのであります。そこで教導というのは何かと申しますと、幼稚園教育としては最後にあって、むしろちょっとするだけのことであります。「この子には、もう一つこれをちょっと加えてやりたい」というところ行われるものであります」（同上『幼稚園真諦』、p.49）と述べている。

(3) 保育案の重要性

　倉橋は、「保育案」の重要性を提示している。倉橋が述べる「保育案」について、坂元彦太郎は次のように述べている。「保育案ということばも、保育法とならんでそのころ最もよく使われた。現代のことばでいえば、指導計画、保育計画、指導案、日案、月案、といったことから、教育内容の体系、カリキュラム、教育課程といったものまでを、そのことばで呼んでいた。一口にいえば、保育案の問題は、教育課程に関するすべての問題と、保育の計画や案に関する問題とをあわせたものであると解すればいい」（坂元彦太郎『倉橋惣三・その人と思想』フレーベル館、p.118）と述べている。

　倉橋は、「いやしくも子供を集めて目的をもって教育をしていく者が、全然何等の心構え、すなわち計画、あるいは立案無しでやっていけるはずはありません」（同上『幼稚園真諦』、p.64）と述べ、「保育案」、「保育計画」の重要性を提示している。倉橋の示す「保育案」は、「誘導保育案」のことである。倉橋は、「保育案」の大筋を「生活」と「保育設定案」に分けている。そして「生活」を「自由遊戯」と「生活訓練」に分け、「保育設定案」を「誘導保育案」と「課程保育案」に分けている。子どもの遊びと生活訓練（いわゆる基本的生活習慣の形成）を「生活」と一括りにしているのは、生活のまま、生活として意味を持ち「誘導」とは離れたところに位置づけているからである。

　「保育設定案」における「誘導保育案」は、子どもの生活興味に即した何かしらの主題を以って展開されるものであ

り、保育項目からはずれる可能性があった。そこで「課程保育案」を設定している。いわゆる、「誘導保育案」ではとりあげられない「何となく遊戯がしたい」「何となく歌いたい」「何となく作りたい」という子どもの思いを保育項目の中で展開していきたいという倉橋の考えがある。「誘導保育案」における主題の設定について、倉橋は、「より誘導価値を発揮するためには、子供の興味に合したものでなければならないのはもとよりであります。これを純理的な言い方で申しますれば、子供の興味そのものから誘導保育案が作られてくると言ってもいいのであります」(同上『幼稚園真諦』、p.82) と述べる。

倉橋は、ただただ子どもの「生活」や「興味」の「誘導」を主張したと捉えられがちであるが、「誘導」と「保育項目」という側面から保育実践を考察しているのである。

(4) 育ての心―省察の意味―

著書『育ての心』の中に、次の文章がある。

「子どもらが帰った後、その日の保育が済んで、まずほっとするのはひと時。大切なのはそれからである。子どもといっしょにいる間は、自分のしていることを反省したり、考えたりする暇はない。子どもの中に入り込みきって、心に一寸の隙間も残らない。ただ一心不乱。子どもが帰った後で、朝からのいろいろのことが思いかえされる。われながら、はっと顔の赤くなることもある。しまったと急に冷汗の流れ出ることもある……大切なのは此の時である。此の反省を重ねている人だけが、真の保育者になれる。翌日

は一歩進んだ保育者として、再び子どもの方へ入り込んでいけるから。」(倉橋惣三『育ての心(上)』フレーベル館、p.49)

　これは、保育者の「省察」の重要性を示したものとして有名な引用である。自分自身の実践を反省し「省察」していくことが保育実践において極めて重要であるということである。しかもそれを100年前に指摘しているという点は特筆に値する。

(5) 同時代を生きた和田實と倉橋惣三

　和田實（1876-1882）と倉橋惣三（1882-1955）は、同時代を生きた人物であり、お互い交流もあった。同じような幼児教育思想を掲げながらも根本的・本質的なところでは大きく異なっていたといえよう。これについて、坂元彦太郎（1904-1995）は、和田實と倉橋惣三の名を出しながら次のように述べる。「和田實は、わが国幼児教育百年の歴史において、情熱的に改革の提唱と実践に献身した点において、倉橋惣三とならぶ最大の人であろう。両者は、ともに、幼児教育の理論的な指導者であるとともに、その一生を幼児教育の実際に傾け、常に、伝統的なやり方に対して改革の情熱を燃やしつづけて、多大の影響を斯界に残した」(同上『倉橋惣三・その人と思想』、p.30) と。そして倉橋と和田の生い立ちから性格的な違いについて次のようにも述べている。「倉橋は、エリートコースにのって順風満帆、大体において表街道を歩いたが、和田はむしろ恵まれない境遇の中でひたむきに歩いた、といえよう。両者の性格や行動にもいちじるしく対照的なところがあった。倉橋が円満でため

らい勝ちなほど慎重であったのに、和田は直情径行、思ったことを遠慮せずにずばりといってのけた。倉橋が寛容で感情に充ちた予言者風であったのに対して、和田は同じような考えを持ちながらつよくはげしい殉教者のような風があった。倉橋が、八方美人とも見えるくらい物分けがよく、ゆたかな感受性のある芸術家肌であったのに対して、和田はどっちかといえば、するどく一本気でひたむきに精進する求道者の風格があった」と（同上『倉橋惣三・その人と思想』、pp.30-31）。

17. 城戸幡太郎の幼児教育思想と社会中心主義の理論
(1) 時代背景と略歴

　城戸幡太郎（1893-1936）は、愛媛県に生まれ、松山中学校卒業後に上京し遠藤隆吉（1874-1946）が創設した私塾「巣鴨学舎」で学び、早稲田大学高等予科を経て、1916年に東京帝国大学を卒業する。社会学、心理学、哲学など幅広く勉学を修める。ドイツのライプチヒ大学への自費留学を経て、1924年に法政大学で勤務する。1931年から岩波講座『教育科学』や雑誌『教育』の編集を担当するなどの業績もある。1936年に社会問題研究会を設立し、1937年には教育科学研究会を組織した。石井亮一（1867-1937）が設立した滝乃川学園教育部長にも就任している。戦後は北海道大学などで教鞭をとる。

　「社会中心主義」の思想や保育問題研究などは、今日にも大きな影響を与えている。戦後は教育刷新委員会のメンバーとして活躍し、現代日本の教育・保育の礎を築いた人

物の一人である。

(2) 幼児教育思想

　城戸幡太郎の幼児教育思想の特徴は、「児童中心主義」を批判的に捉え、「社会中心主義」を唱えた点にある。城戸の有名な著書に『幼児教育への道』や『何のための教育か学校か』などがある。これらを中心に城戸の幼児教育思想を探っていくことにしよう。

　城戸は次のように児童中心主義を批判する。「児童中心主義の教育では児童から新しい生活の様式を発展させようとする。新しい社会の発展は、次の時代を作る若き子どもたちの心のうちに、約束されていると考えるのが「児童から」を標語とする近代の教育であった。しかし、子どもは子どもたち自身で何を自由に発展させることができるだろうか」と指摘し、「保育者が子どもの要求にばかり応じていたのでは子どもの要求水準は高められない。子どもが生まれながら持っている要求はきわめて限られたもので、それをそのまま放任しておけば、子どもの生活は動物の生活とあまり変わらない状態に止まってしまう」と論じている（城戸幡太郎『幼児教育への道』フレーベル館、pp.146-147）。

　そして、「自己中心の子どもの生活を、社会中心主義の生活へ指導していくこと、言い換えれば子どもの生活を社会的協同生活へ訓練していくことが必要なのである。子どもの情操陶冶ということも、このような意味に解してはじめて意義のある指導となるのである」（同上『幼児教育への道』、p.239）と城戸は指摘する。

子どもの生活指導に必要なこととして次の12点をあげている。①他人に不快な気持ちを与えないようにし、自分には不健康なことをしないこと、②自分勝手な振舞をしないこと、③たがいに力をあわせ、親切にすること、④がまんすること、⑤物をたいせつにすること、⑥物を清潔にし、秩序正しくすること、⑦規律を守ること、⑧一生懸命やること、⑨自分のことは自分でやること、⑩何でも自分で工夫すること、⑪陰日向のないこと、⑫行動を機敏にすること。

　これらは、母親や保育者が心得て置かなければならない子どもへの生活指導としての情操教育、性格教育であると示している（同上『幼児教育への道』、p.240）。

　加えて、城戸は「保育者としてもっとも必要な教養は、子どもをよく理解するということで、保育者に教養といえば、ただお話や手技や唱歌や遊戯が上手にできればよいと考えていては間違いなので、どうすれば各々の保育項目によって子どもの生活を指導していくことができるかを知ることである」（同上『幼児教育への道』、p.239）と保育者の専門性について論じている。

　また、城戸は、生活と教育について次のように指摘する。「われわれが生きている環境は大きく分ければ、生活環境と教育環境に分けるであろう。もちろん生活環境のうちには教育環境も含まれるが、教育環境は生活環境を教育によって秩序づけられた環境である。秩序づけるということは、教育の目的によって、生活が計画的に設計されることで、教育環境は、生活が教育の目的で設計された計画的環境であるともいえよう。このようなことから教育は生活と切り

離すことはできないので、教育は生活教育でなければならないともいえるのである」と（城戸幡太郎『何のための教育か学校か』情報センター、p.82）。

保育問題研究会を設立し、教育科学運動といわれる科学的で実践的な研究を推進した。研究会では、現場の実践家と研究家が集い、様々な保育問題の解決を模索する研究がなされた。さらに、城戸は、早い時期から就学前教育の重要性を指摘し、幼保一元化、集団保育の大切さを説いた先駆的な思想の持ち主であった。

18.「保育要領―幼児教育の手びき―」における保育思想

次に、「保育要領―幼児教育の手びき―」に示される保育思想について説明していきたい。以下の文章は、拙稿「『保育要領―幼児教育の手びき―』（1948 年）における保育内容・方法と「興味」論（教育文化学会編『教育文化研究』第 13 号、2023 年）をさらに書籍で読みやすいように加筆・修正を加えたものである。

(1) 基本的性格とその思想

『保育要領』の基本的な性質について確認しておきたい。『保育要領』は、1948（昭和 23）年に文部省から、戦後教育改革の一環として発刊された、保育の内容・方法・基準等を示したものである。その前年に発布された教育基本法や学校教育法、「学習指導要領（試案）」を基盤に、幼児教育のみならず育児・家庭教育の手引書的な性格をもったものとして発刊された。

『保育要領』の作成の指揮にあたったのが、CIE（民間情報教育局）教育課の初等教育係官を務めたヘレン・ヘファナン（1896-1987）という人物であり、『保育要領』はその指導の下で幼児教育内容調査委員会（日本側の委員16名と文部事務官2名）が作成にあたった。彼女は「a follower of John Dewey」と称されるほどデューイの影響を受けていたようである。また、ヘファナンは、幼児教育内容調査員会のメンバーの一人であった倉橋惣三（当時東京女子高等師範学校教授）の影響も強く受けている。倉橋もデューイを中心とするアメリカ進歩主義教育を根幹とする経験主義思想に関心を強く持っていたことでも知られている。つまり、戦後初期のわが国の学校教育・幼児教育の根本原理は、アメリカ新教育の代表的人物であるデューイを基盤とする経験主義思想であったといえる。『保育要領』を分析する時、そういった観点を見過ごしてはならない。

(2) 保育の基本原理と「興味」論

　『保育要領』の「まえがき」には、各法規に示される教育目標・目的に向かい幼児教育を展開する場合、「その出発点となるのは子供の興味や要求であり、その通路となるのは子供の現実の生活であることを忘れてはならない」(p.3)とその基本理念を明示されている。つまり、『保育要領』の基本原理は、簡単に言えば、子どもの一人一人の「生活」と「興味」を大切にした保育実践の創造と展開といえよう。

　では、この子どもの「興味」と子どもの「生活」経験という側面について、具体的に検討していきたい。『保育要

領』の「知的発達」の項目に「子供自身の中からわきおこってくる興味から出発した経験をさせるように、子供とともに考えよう」（p.11）と提示され、「子供は興味にしたがって動く。興味のあることには夢中になって自分を打ちこんで遊ぶ。興味のないことに対しては動かない。絵の好きな子供は夢中になって絵を描き、積み木の好きな子供は一生懸命に積み木を積む。また同じ絵にしても、自動車の好きな子供はしじゅう自動車ばかり描いている。そして、興味のないことは見向きもしない。子供は自分を動かすことによって、自分で活動することによって成長するものであることを考えれば、子供たちの動きを引き出す原動力になる興味こそ、子供を成長させる最もたいせつな要素である。子どもの遊びも活動も、すべてこのような子供の心から出る自然な興味から生まれ出るものであるから、それにしたがって、子供自身の発意を尊重し、子供とともに、遊びの計画をたてるようにしたいものである」（p.11）と示されている。

さらに、「どの子供もみんないつせいに同じことをするというのは望ましくない」（p.13）として、「子供はみなめいめいの個性を持っている。知的能力についてもそれぞれ特徴がある。絵の得意な子供もあれば、粘土細工の得意な子供もある。絵本を喜ぶ子供もあれば、歌の好きな子供もある。運動の得意な子供もあれば、談話を楽しむ子供もいる。子供めいめいの興味を生かし、その特徴を最大限に伸ばしてやる点から考えれば、多くに子供たちに同じことをするようにしいる保育のやり方は、反省されなければなら

ない。このような保育は、せっかく持っている個性を無理に一つのわくにはめこむことになり、各自の特徴を伸ばすことができないからである。個性に応じて、おのおのの子供の持っている知的能力を十分に発達させるために、それぞれの興味に最もよくかなった自由な活動が許される機会が与えられなければならない」(p.14)と示されている。つまり、子どもの「興味」は、「個性」が尊重され「自由」が最大限許される環境の中で喚起され展開されるのである。子どもの「興味」と「個性」「自由」は一体であるということである。

「幼児の一日の生活」の項目に、「幼稚園における幼児の生活は自由な遊びを主とするから、一日を特定の作業や活動の時間に細かく分けて、日課を決めることは望ましくない。一日を自由に過ごして、思うままに楽しく活動できることが望ましい」(p.40)、「幼児を一室に集め、一律に同じことをさせるより、なるべくおのおの幼児の興味や能力に応じて、自らの選択に任せて自由に遊ぶようにしたいものである。興味のないことがらを教師が強制することは好ましくない」(p.41)として、子どもの「生活」経験におけて、「興味」を活かすこと、子ども一人一人(「個性」)の「自由」な活動の重要性が示されている。

『保育要領』における子どもの「興味」と「生活」「個性」「自由」「遊び」の一体性という観点は、1947年（昭和22年）に出された『学習指導要領―試案―』につながるかたちで示されている。『学習指導要領―試案―』を見れば、子どもの「興味」「個性」「自由」「遊び」というキーワード

を基盤に幼児期から児童期への指導の一貫性・連続性が確認できる。また、以上の視点は、欧米の子ども中心主義思想・経験主義思想が根幹にあるということも再認識させられるものである。

(3) 現代的考察

　2017年告示の「幼稚園教育要領」「保育所保育指針」では、これまでの「人格形成の基礎を培う」や「生きる力の基礎を育む」という基礎理念を踏まえながら、「主体的・対話的で深い学び」「幼児期の終わりまでに育ってほしい姿」「育みたい資質・能力」「カリキュラム・マネジメント」など新たな観点が追加された。こういった様々な保育内容・方法の基礎となるものこそ、子どもの「興味」であるといっても過言ではない。子どもの「興味」の取り扱いについては、まとまったかたちで示されているわけではない。もちろん定義付けできるものではない。しかし、保育内容・方法のすべての根幹に「興味」が位置づいているといえる。子どもは様々な「もの」・「こと」に「興味」を示す。その子どもの「興味」が十分に満たされることこそ学びの基礎（＝学習意欲）になる。

　特に『保育要領』が示すように、子どもの「興味」と「生活」「個性」「自由」「遊び」を一体的の捉えていくことは極めて重要なことである。現在の保育・教育実践において、『保育要領』に学べる点も非常に多いといえる。

～その他の日本の教育思想家Ⅰ（江戸・幕末編）～

○本居宣長（1730-1801）

日本古来の文化や思想を研究する国学を大成させた江戸時代の学者である。伊勢国（紀州藩）松坂本町の木綿商家に生まれる。医師としての仕事の傍ら、古典研究にいそしみ、源氏物語などに描かれる「もののあはれ」こそ日本固有の情緒であると考えた。賀茂真淵に師事し、古事記を解説する「古事記伝」（全44巻）を35年という時間をかけ完成させる。紀州藩主の徳川治定に政治改革に関する意見書「秘本玉くしげ」を献上したことでも知られている。「鈴の先生」といわれた。

○緒方洪庵（1810-1863）

備中国（足守藩）に生まれる。医者を目指し、江戸や長崎で西洋医学を修めた。医者の傍ら大阪で蘭学塾「適々斎塾」（適塾）を開き、若者の教育にあたった。オランダ語を教授し、1000人以上の塾生がいたといわれている。福沢諭吉、大村益次郎、橋本佐内、佐野常民（日本赤十字社の初代総裁）などの日本の近代化に多大に貢献した人物を多数輩出した。医学、教育の両面で大きな功績を残した。

○吉田松陰（1830-1859）

幕末の長州藩に生まれた思想家である。6歳で叔父の吉田家の養子となり、8歳で別の叔父の玉木文之進が開いた私塾である松下村塾で学ぶ。ペリーが来航すると、その船に無断で乗り込み、密航を企てるが失敗し野山獄（山口県）に投獄される。出牢後、叔父の松下村塾を引き継いだ。教育方法は自由な討論が主であった。その際、メモや文章を重視していたといわれる。高杉晋作や久坂玄瑞、山形有朋、伊藤博文など、明治期の日本を牽引した人物を多数輩出している。井伊直弼が主導する安政の大獄において死去した。

～その他の日本の教育思想家Ⅱ(明治・大正編)～

○福沢諭吉(1835-1901)

　江戸時代から明治時代にかけての思想家である。慶應義塾の創設者、「学問のすすめ」の執筆者としても有名である。豊前国中津藩に生まれる。大阪で緒方洪庵の適塾で学び、のちに佐久間象山の招きで江戸で私塾を開く。1860年からアメリカやヨーロッパを視察する。1872年に「天は人の上に人を造らず人の下に人を造らずといへり」で知られる「学問おすすめ」を著し、ベストセラーとなる。学問は個人の立身出世のために必要であるという思想は、1872年発布の「学制」にも影響を与えた。

○及川平治(1875-1939)

　宮城県出身の教育思想家・教育実践家である。「分団式動的教育法」を提唱する。1921年に八大教育主張講演会で「動的教育論」を演説した。アメリカプラグマテズム及びデューイの教育理論に影響を受け、日本における、戦前の新教育の提唱者として知られている。子どもの個性（個人差）に応じた教育方法を提唱し、大正自由教育の中心的な存在であった。自身が実践にかかわった明石女子師範学校附属小学校は、年間1万人以上の参観者が訪れるほどであった。

○小林宗作(1893-1963)

　日本にリトミックを導入した研究者、幼児教育実践家である。群馬県に生まれ、東京音楽学校を卒業する。小学校教員を勤める傍らヨーロッパで幼児教育、音楽リズムを学ぶ。1937年より、幼小一貫校の「トモエ学園」(東京)を設立し、リトミックを取り入れた活動などユニークな教育を展開した。その教育方法は、黒柳徹子著『窓ぎわのトットちゃん』(講談社)の出版において広く知られるようになった。

── 第2部の引用・参考文献 ──

・橋本美保 編集代表『改訂版 教職用語辞典』一藝社、2019年。

・江藤恭二監修／篠田弘、鈴木正幸、加藤詔士、吉川卓治編『新版 子どもの教育の歴史―その生活と社会背景をみつめて』名古屋大学出版会、2008年。

・中野光『学校改革の史的原像 ―「大正自由教育」の系譜をたどって―』黎明書房、2008年。

・沖田行司編著『[第2版] 人物で見る日本の教育』ミネルヴァ書房、2015年。

・乙訓稔『日本現代初等教育思想の群像』東信堂、2013年。

・荒井洌『1948年・文部省『保育要領―幼児教育の手びき―』を読む』新読書社、2020年。

・寄田啓夫・山中芳和 編著『日本の教育の歴史と思想』ミネルヴァ書房、2002年。

・貝塚茂樹／広岡義之 編著『教育の歴史と思想』ミネルヴァ書房、2020年。

・小山みずえ『近代日本幼稚園教育実践史の研究』学術出版会、2012年。

・汐見稔幸・松本園子・髙田文子・矢治夕起・森川敬子『日本の保育の歴史』萌文書林、2017年。

・宍戸健夫『日本における保育カリキュラム 歴史と課題』新読書社、2017年。

・貝原益軒／石川謙 校訂『養生訓・和俗童子訓』岩波書店、1961年。

・和田實・中村五六合著『幼兒教育法』学校法人和田実学園、2011年。

・和田實／荒川順子現代文訳『保育学』学校法人和田実学園、2014年。

・和田實／和田実研究会編『実験保育学』東京教育専門学校、1990年。

・倉橋惣三『幼稚園真諦（倉橋惣三文庫1）』フレーベル館、2008年。

・倉橋惣三『育ての心（上）（倉橋惣三文庫3）』フレーベル館、

2008 年。
・倉橋惣三『育ての心（下）（倉橋惣三文庫 4）』フレーベル館、
  2008 年。
・坂元彦太郎『倉橋惣三・その人と思想（倉橋惣三文庫 9）』フレーベル館、2008 年。
・荒井洌、大豆生田啓友、小田豊、児玉衣子、柴崎正行、高杉展、本田和子、森上史朗『倉橋惣三と現代保育（倉橋惣三文庫 10）』フレーベル館、2008 年
・城戸幡太郎『幼児教育への道』フレーベル館、1980 年。
・城戸幡太郎『何のための教育か学校か』情報センター、1980 年。
・東京教育専門学校編／辛椿仙著『和田実における「幼児教育論」―その成立と展開に関する研究―』白桃サービスセンター、2000 年。
・佐藤環監修／田中卓也、時田詠子、鳥田直哉、斎藤修啓、鈴木和正編著『資料とアクティブラーニングで学ぶ初等・幼児教育の原理』萌文書林、2022 年。
・濱中啓二郎「『保育要領―幼児教育の手びき―』(1948 年)における保育内容・方法と「興味」論」『教育文化研究』第 13 号、2023 年。
・文部省「保育要領―幼児教育の手びき―」師範学校教科書株式会社、1948 年。

まとめ　〜今に活きる基本原理としての幼児教育思想〜

　本書は、主に「人物」に着目し、その思想が形成された時代背景も大切にしながら幼児教育思想を簡単にではあるがまとめたものである。

　最初でも示したように、保育・幼児教育を思想的・歴史的側面から理解し実践に活かしていこうということは、重要であるはずであるが、学生からするとそういった意識はあまりないこともあるようである。確かに、保育の現場で働こうとするとき、ピアノや絵本の読み聞かせ、手遊び、指導案や指導計画の書き方など、実技的、実務的側面に目が向きがちになるのは当然のことである。ただ、幅広い意味で保育・教育を考えようとするとき、または自身の保育に行き詰ったときや保育の中に新たなものを付け加えようとするとき、何かしら示唆を与えてくれるのが先人の思想や歴史的な側面である。

　保育者が思想や歴史を学ぶ意味についてもう少し考えてみよう。保育者が思想や歴史を学ぶことは、第一に、保育という仕事への自信につながるという側面があるということを忘れてはならない。ここであげられた教育思想家たちは、その時代の要請を受け、逆境に合いながらも様々な努力を経て自身の思想を形成し、社会に（時には世界に）その思想を発信してきた。保育や教育という側面から社会改革を目指し努力してきた、その努力の積み重ねの上に「今

の保育者」がいるという、保育者としての自信である。そういった歴史的な積み重ねの中で我々の仕事が洗練され今に至るのである。

　第二に、保育・教育の様々な実践の成功や失敗を知り、現在の様々な問題の解決の参考にできるという点である。良いものを取り入れれば今の保育がうまくいくかもしれない。また、様々な失敗は、同じ過ちを繰り返さないという戒めにもなる。過去の実践を再考することで今を乗り切るヒントが隠れているかもしれないということである。

　第三に、自身の成長過程を振り返り、今の保育を考えるきっかけを与えてくれるという面がある。歴史を見ることは、自身の生い立ちに目を向けることにもなる。自分の人生の中で、自分が受けてきた保育や教育がどのような意味を持ったものであったのか、考える機会となりうる。転じて、思想や歴史を学ぶことは、自身の保育観や教育観の形成に役立っているのである。

　第四に、保育・教育実践には正解がないということをあげることができる。正解がない保育・教育実践をより豊かにしようとするとき、過去の思想は参考になりうるものである。正解がない故に、多様な視点に立脚し、自分自身で保育を創造していかなければならないのである。

　第五に、上記の「正解がない」「多様な視点に立脚し」という面と関わるが、現在の教師・保育者は様々な観点を理解し、子ども一人一人の個性を見極めていかなければならないという点があげられる。子どもの多様性を認め、様々な家庭があることを認識し、保育・教育実践を展開してい

くことになる。ここであげた思想家の考え方も、その時代の新たな「流れ＝社会変革」の中で形成されたものであるため、そういった「時代の変化」をどう受け止め、どう自身の保育を形成していくかということは、様々な教育思想家が抱えた葛藤と非常に似ている。

　今一度、保育・教育を思想的・歴史的側面から学ぶ意義を明確にし、学びを深めていってもらえたら幸いである。

濱中啓二郎

【編著者紹介】
濱中啓二郎

現在、鶴見大学短期大学部保育科専任講師。
1981年　東京都生まれ。
上越教育大学大学院 学校教育研究科 修士課程修了。
修士（教育学）。
大学院修了後、高等学校（日本史・世界史）や幼小中一貫教育校などの教員を経て、2012年9月より保育士・幼稚園教諭養成校で勤務している。筑波保育医療専門学校、新渡戸文化短期大学、貞静学園短期大学を経て現職。
専門は、教育思想、教育史、子ども論。
これまで、保育士・幼稚園教諭の養成校で、教育原理や教育方法論、教育課程論（カリキュラム論）、保育内容総論などの授業を担当してきた。
幼稚園教諭専修免許、小学校教諭専修免許、中学校教諭専修免許（社会）、高等学校教諭専修免許（地理歴史・公民）の教員免許や歴史能力検定1級の資格を持つ。

保育実践の基本原理としての幼児教育思想史
2024年4月17日 初版発行

編著者　濱中啓二郎
発行所　学術研究出版
〒670-0933　兵庫県姫路市平野町62
［販売］Tel.079(280)2727　Fax.079(244)1482
［制作］Tel.079(222)5372
https://arpub.jp
印刷所　小野高速印刷株式会社
©Keijiro Hamanaka 2024, Printed in Japan
ISBN978-978-4-911008-46-1

乱丁本・落丁本は送料小社負担でお取り換えいたします。

本書のコピー、スキャン、デジタル化等の無断複製は著作権法上での例外を除き禁じられています。本書を代行業者等の第三者に依頼してスキャンやデジタル化することは、たとえ個人や家庭内の利用でも一切認められておりません。